会计基础理论研究

于言斌 著

中国纺织出版社

图书在版编目（CIP）数据

会计基础理论研究 / 于吉斌著. -- 北京：中国纺织出版社，2018.1
ISBN 978-7-5180-3145-0

Ⅰ.①会… Ⅱ.①于… Ⅲ.①会计学 Ⅳ.①F230

中国版本图书馆 CIP 数据核字 (2016) 第 298562号

策划编辑：汤　浩　　**责任编辑**：汤　浩
责任设计：林昕瑶　　**责任印制**：储志伟

中国纺织出版社出版发行
地　　址：北京市朝阳区百子湾东里 A407 号楼　**邮政编码**：100124
销售电话：010-67004422　**传真**：010-87155801
http://www.c-textilep.com
E-mail：faxing@c-textilep.com
中国纺织出版社天猫旗舰店
官方微博 http://weibo.com/2119887771
虎彩印艺股份有限公司印刷　各地新华书店经销
2018 年 1 月第 1 次印刷
开　　本：710mm×1000mm　1/16　**印张**：19.5
字　　数：160千字　**定价**：69.50 元

目录

第一章 绪论

第一节 会计概述

一、会计的含义

经济越发展，会计越重要。会计是经济管理的基础性工作，任何有经济活动的地方，其管理当局必然会按照一定的目的，用一定的形式来管理经济活动及其全过程。对经济活动的管理，就是对物质资料的生产和耗费的管理，因为经济活动有产出，就必然有耗费，人们总是希望以最少的耗费获取最大的产出。为了达到这样的目的，就需要对生产耗费和生产成果进行记录、计算、对比和分析，为管理当局提供可靠而准确的会计信息，以便于进行经济决策。

会计是以货币为主要计量单位，利用专门的会计方法，对会计主体的经济活动进行全面、综合、连续、系统的核算与监督，并向有关方面提供会计信息的一种经济管理活动。会计是在社会生产实践中产生和发展完善的，传统会计是以货币为主要计量尺度，以凭证为依据，运用相关的专业技术方法，对单位的经济业务进行全面、综合、连续、系统的记录、计算、分析和检查，并定期以财务报告反映单位财务状况、经营成果和现金流量。随着经济发展和社会不断进步，会计管理职能日益完善和深入，加强会计工作、提高会计管理水平，对于促进经济管理工作具有十分重大的意义。

二、会计的产生和发展

会计无论在国内还是国外，都具有悠久的发展历史，人类发展史也可以说是一部会计发展史。据考古专家发掘的文物显示，在原始社会早期，在文字产生以前的旧石器时代中晚期，人类最初的会计行为即原始计量、记录行为就已经产生了，如结绳记事、刻木记事、绘图记事等，这些行为虽然称不上会计，但会计的萌芽却已悄然产生了。在文字产生以后，人们对物质资料的生产和耗费开始了专门的记载，但由于当时生产力水平十分低下，生产规模小，用来记录、计算生产和耗费的会计，也是极为简单和粗略的，会计只是生产职能的附带部分。随着生产力的发展和私有制的出现，生产有了剩余产品，为了准确、及时核算投入与产出水平，会计逐渐从生产职能中分离出来，成为独立的职能。根据马克思的考证，“在远古的印度公社中，已经有一个农业记账员。在那里，簿记已经独立为一个公社官员的专职。”

在中国，“会计”一词出现于西周（公元前1100—770年）时期，并有较为严格的会计机构。根据西周“官厅会计”核算的具体情况考察，“会计”二字在西周时期开始运用，其基本含义是既有日常的零星核算，又有岁终的总合核算，通过日积月累到岁终的核算，达到正确考核王朝财政经济收支的目的。此时，西周王朝也建立了较为严格的会计机构，设立了专管钱粮赋税的官员，并建立“日成”、“月要”和“岁会”等报告文书，初步具备了会计报表的作用。

与此同时，会计核算技术和方法也有了很大的进步。对账簿的设置，从单一流水账发展成为“草流”（也叫底账）、“细流”和“总清”三账，一直传到明清时期。对会计的结算方法，也从原始社会末期开始的“盘点结算法”发展为“三柱结算法”，即“入（本期收入）－去（本期支出）＝余（本期结余）”。到了唐、宋两代，又创建了“四柱结算法”，即“旧管（上期结余）＋新收（本期收到）－开除（本期支出）＝实在（本期期末结余）”，为我国通行的收付记账法奠定了基础，成为中式会计方法的精髓。明、清时期，随着手工业、商业的繁荣和发展，尤其是晚清时期资本主义萌芽的产生，出现了“龙门账”和“四脚账”，是我国复式记账的最初形式。“龙门账”把会计科目划分为“进（收）”、“缴（付）”、“存（资产）”、“该（负债）”，设总账进行核算，并编制“进缴表（损益表）”和“存该表（资产负债表）”。

人类会计方法的演进，经历了由单式记账法向复式记账法转化的过程。我国长期使用单式记账法来记录、计量和核算经济业务，是与其经济发展水平和生产力有关的，在历史早期虽然起了积极作用，但不适应商品经济社会发展需要。辛亥革命后，被西方会计学界称为“中国会计之父”的潘序伦先生从西方全面引进了复式记账法，并在中国开办了首所专门培养会计专业人才的上海立信会计专科学校。

第二次世界大战以后，生产力得到了迅猛发展，生产规模日益扩大，出现了跨国公司和股份公司，为加强成本核算和管理，成本会计从传统财务会计中分离出来，会计管理职能日益完善，预测、分析和考核成为会计重要职能，形成了管理会计。

三、会计的特点

会计是在生产实践中形成和发展起来的，由简单、粗略到内容日益完善，适应了经济和生产力发展的需要，并体现了以下特点：

（1） 会计是以货币为主要计量单位，能够综合核算经济效益，并为管理提供会计信息。原始的会计计量只是简单地用实物数量和劳动量度对经营活动和财务收支进行计算和记录。随着社会生产的日益发展，会计便从简单的计量记录，逐步地发展成为以货币为计量单位来综合核算与监督经济活动的过程。因为要求所有财产物资和劳动耗费的总括指标，必须利用价值形式间接地计算，从而取得系统的、连续的、全面的会计信息，为经济管理服务。

（2） 会计核算技术和方法体系日益完善，与不同时期经济和生产力发展水平是相适应的。从会计产生和发展过程可以清楚反映，会计核算由简单记数到系统的、连续的、全面的核算，由单式记账到复式记账，由流水账到分类账，是与当代生产力和经济发展水平紧密相关的，生产力和经济发展了，会计也就随之得到发展，推动了会计核算技术和方法体系日益完善。

（3） 会计的事前、事中、事后监督，对经济活动具有促进、控制、考核和指导作用。会计监督首先在反映各项经济活动的同时，进行事前和事中监督，利用各种经济指标来考核经营成果并分析存在问题，达到事后监督的目的。

四、会计的职能

会计的职能是指会计在经济管理中所具有的功能，随着会计作用的扩展，会计职能演变为基本职能和拓展职能。马克思在《资本论》中指出：“过程越是按社会的规模进行，越是失去纯粹个人的性质，作为对过程的控制和观念的总结的簿记就越是必要。”这里所说的“簿记”指的就是会计；“过程”是指生产过程；“观念的总结”可以解释为反映或核算；“过程的控制”可以解释为监督或控制，对生产过程的核算和监督就是会计的基本职能。对经济活动预测、决策、分析和考核，成为会计拓展职能。

（一） 会计的基本职能

1. 核算职能

会计的核算职能主要是指通过会计确认、计量、记录和报告，能够连续、系统、全面、综合地反映经济组织资金运动的过程和结果，为经济管理提供会计信息的功能。人们为了管理经济活动，就必须了解和掌握经济活动情况，否则，就不可能真正做好经济管理工作。会计利用其特有的方法和程序，通过确认、计量、记录和报告，连续、系统、全面、综合地反映经济活动全过程和结果，就是核算过程。会计并不是机械地反映经济活动，而是能动地反映，即根据管理需要有目的地加以反映，形成对管理有用的会计信息。如企业购置生产流水线所产生的资金运动，需要确认购置单价、数量和总价款，还要对固定资产的用途进行判别，从而核算采购成本和使用导致的价值转移。

2. 监督职能

会计的监督职能主要是对资金运动的全过程进行控制，确保资金安全高效运行。经济活动总是有其目的性，会计监督是以经济目的为准则，对资金运动的合理性和有效性进行全面而有重点的控制，力求达到管理效果。会计的产生就是由于人们有了控制经济活动的要求而引起的，因此，控制经济活动必然成为会计的基本职能。会计对于经济活动的控制是随着社会生产的发展而不断增强的，在生产水平不高、商品货币经济尚未充分发展的情况下，会计对于经济活动的控制是比较简单的，并同其他方面的管理结合实施。如对生产成本的控制就与生产组织管理密不可分，会计的监督职能并未独立体现出来。在商品货币经济得到充分发展后，会计的监督职能得到大大加强，通过对资金运动的监督，可以综合地、全面地控制经济活动，达到预定的经济和管理目标，会计的监督职能成为独立的控制系统。

（二） 会计的扩展职能

1. 预测职能

会计预测就是以过去的会计资料和现在所取得的市场信息为基础，运用科学的方法和实践积累经验，推测经济活动发展趋势或财务运行结果。任何事物的发展都有一定的规律性，会计人员在分析其过去，把握现状的基础上，可以从中发现内在的必然规律，对未来经济活动的发展趋势进行较为准确的预测。会计预测职能是在基本职能基础上的扩展和提升，是参与管理活动的重要措施，可以为管理当局、投资者和政府部门提供较为准确的决策信息和方案。

2. 参与决策职能

现代经济活动越来越复杂，不论是宏观经济的管理，还是微观经济的管理，决策的正确与否往往关系到事业的兴衰成败。对一个企业而言，正确的决策既有利于企业长远发展规划的实现，又能在较短时期内获得良好的经济效益，而重大问题上的错误决策必然造成无可挽回的后果，甚至导致企业破产。会计对资金运动全过程的反映，可以提供客观而真实的经济信息，正确的决策依赖于正确的会计信息，会计必然参与经济决策。会计决策职能是在基本职能基础上的扩展和提升。

3. 分析和考核职能

经济组织的资金运动效果如何？其经济目标是否实现？必须进行科学分析，才能较为准确地判断资金运动的成效。现代经济社会，所有权与经营权分离，管理者作为经济受托人，必须对委托人（产权所有人）全面负责。管理者是否履行了委托人所赋予的管理责任并实现了受托的经济目标，必须有公允、公正的评判标准，这些标准可以理解为会计核算后产生的信息，委托人利用会计信息来考核管理者，以证明所委托事项是否得到履行。考核职能是会计参与企业管理的手段，建立全面而清晰的考核指标体系，有利于会计考核职能的实现。

第二节 会计的对象和任务

一、会计的对象

会计的对象是指会计核算和监督的内容。研究会计的对象，目的是要明确会计在经济管理中的活动范围，从而确定会计的任务，建立和完善会计的方法体系。

会计作为经济管理工作的重要组成部分，它所反映和监督的内容，不可能也没有必要包罗万象，而应根据经济管理的特定要求，从特定的角度来反映和监督经济活动的。这种特定的角度和要求，决定了会计的特定内容，即会计的对象。

会计产生之初，所反映和监督的内容主要是财产物资的收支和结存。会计对经济活动的管理，主要是体现在管好财产物资，防止损失和遗漏，确保财产与物资的安全。从会计发展史分析，无论是唐、宋两代的“四柱结算法”，还是晚清时期出现了“龙门账”和“四脚账”，都是基于实物的收、付、余进行反映和监督的，货币作为统一的计量尺度并未得到应用。可见，当时的会计只限于对实物的记录和管理，统一的计量单位并未形成。

商品经济发展到一定阶段后，随着市场竞争的加剧，企业为了生存和发展，追求最大限度的经济利益，必然力求以最少的投入获取最大的产出。对会计来说，仅仅是反映和监督财产物资的收支和结存，显然无法满足经济管理的要求，会计的内容得以拓宽，发展成为利用货币价值尺度来系统、连续地反映和监督财产物资的取得、使用、耗费和补偿。货币成为会计核算的统一工具，即计量单位，这是会计的对象产生质的变化和飞跃。会计对实物进行反映和监督，只是反映其使用价值，用货币尺度进行反映和监督，可以反映其价值，任何经济活动都表现为资金运动。会计的对象从理论上分析，就是社会再生产过程中的资金运动。

随着社会分工不断细化，有的直接从事物质生产经营，有的从事文化、教育、卫生服务，各种行业资金运动有其特殊性，会计的对象有所不同。

（一） 工业企业的会计对象

工业企业是物质财富主要创造者，为了创造物质财富，必须具备相应的物质基础，物质的货币表现即资金。由此可见，工业企业生产经营过程亦是资金运动过程。工业企业的资金，在生产经营活动过程中，不断地改变形态，经过采购供应、生产、销售等环节，周而复始地运动，不断地创造新价值。

资金运动起点是资金投入，工业企业投入的原始资金表现为投资者投入的自有资金和债权人投入的债务资金。随着生产循环，工业企业在上一生产经营阶段获取利润投入下一阶段生产经营中，扩大再生产得以实现，企业规模日益壮大，抗风险能力持续增强。

供应阶段，工业企业将筹集到的资金用于采购原材料和机器设备等，货币资金转化为储备资金，生产经营具备了必要的物质条件。

生产阶段，工人利用劳动资料对劳动对象进行加工，生产符合市场需求的合格商品，这时企业的资金形态，由原来的储备资金转化为在产品形式的生产资金。同时，在生产过程中，一部分货币资金由于支付职工的工资和其他生产费用而转化为在产品，成为生产资金。此外，企业生产经营用的各项机器设备、厂房、建筑物等固定资产，因磨损而转移到产品或在产品中的价值，构成生产资金的一部分。随着产品生产的完工，生产资金转化为成品资金。

销售阶段，企业将产品销售出去，通过结算回款，收回货币资金。这一过程中，成品资金转化为商品资金，商品资金又转化为结算资金，结算资金再转化为货币资金，至此，工业企业的资金完成了一次循环。在收回的货币资金中，企业以所得税方式上缴国库一部分，以利润分配给投资者一部分，上述资金流出工业企业，其余资金投入下一阶段生产经营中，继续周转使用，资金不断循环运动。

工业企业资金运动体现着各方面的财务关系。接受投资者投资，体现投资与被投资财务关系；向银行举债，体现了债权与债务关系；招聘员工从事生产经营工作，体现了劳务合同与工资结算关系；采购与销售，体现了企业之间的财务结算关系；交纳税收，体现了企业与国家之间的纳税关系。为维护资金运动顺畅，合理处理各种财务关系是必要的，处理财务关系也是资金运动的组成部分。

（二） 商业企业的会计对象

商业企业的资金运动与工业企业有所不同，因为商业企业没有生产过程，经营活动只有采购和销售两个环节，都属于流动领域。采购过程中，货币资金转化为商品资金；销售过程中，商品资金转化为结算资金，再转化为货币资金，不断循环周转，构成了商业企业的资金运动。商业企业的资金运动与工业企业一样，也有资金投入与退出。可见，商业企业的会计对象是商业企业在商品流通过程中的资金运动。

（三） 行政事业单位的会计对象

行政单位与事业单位具有共性，都依赖财政拨款来维持其基本公务与业务活动。行政单位与事业单位开展公务与业务活动，需要国家或地方财政拨款解决资金投入问题，并将财政拨款用于财政审批同意的预算项目，财政预算资金随之流出。行政单位与事业单位的资金运动与企业完全没有资金周转和循环过程。行政事业单位的会计对象是维持其公务与业务活动所需的财政拨款收支活动。

二、会计的任务

会计的任务取决于会计的目的，明确会计任务首先需要确定会计的目的。

会计的目的又称会计的目标，是会计信息的利用者对会计的总体要求。会计的目的决定着会计的程序、方法体系和工作组织。同时，会计的目的又受制于会计信息利用者的要求，不同的会计信息利用者，对会计要求是有侧重点的，如银行主要要求会计提供企业负债水平和偿债能力，投资者主要要求会计提供企业获利能力，会计根据它们需要来开展工作。

我国颁布的《企业会计准则》明确规定：会计信息应当符合国家宏观经济管理的要求，满足有关各方了解企业财务状况和经营成果的需要，满足企业加强内部经营管理的需要。《企业会计准则》将我国会计的目的进行了明确定位。

会计任务是指应用专门会计方法对会计对象进行核算和监督所能达到的最终目标。会计是经济管理的组成部分，会计的任务就是经济管理的任务，主要有：

1. 及时核算和监督经济组织的资金运动，为经济管理工作提供有价值的、系统的、连续的经济信息。

任何经济组织要做好经济管理工作，必须全面、准确、及时地掌握本单位的经济活动情况，做到胸有成竹。企事业单位的经济活动，不论经济管理过程中取得的成绩或存在的问题，都会直接或间接地在资金运动过程中表现出来，会计可以利用其特有的职能和专门方法，通过货币计量手段，全面、连续、系统地核算和监督经济活动情况，向管理当局及时而准确地提供会计信息，便于了解资金运动情况，发现问题和提出解决问题的措施。

国家为了宏观调控国民经济健康、持续运行，必须全面地掌握国民经济各部门的经济活动总体情况。因此，会计工作必须按照条块在一定范围内将会计信息逐级汇总，为国家提供必要的数据资料，便于国家进行综合平衡和编制国民经济发展计划。

2. 监督各经济组织遵纪守法，维护财经纪律。

国家的财经法律、法规、制度和财经纪律是根据党和国家的方针、政策来制定的，企事业单位从事经济活动，必须遵纪守法，维护财经纪律，这事关党和国家的大政方针能否落实，事关国民经济能否协调和稳定发展。

企事业单位的资金运动过程，同时也是执行国家财经法律、法规、制度和财经纪律的过程。企事业单位的每一项具体的经济活动，都会涉及相关的财经法律、法规、制度和财经纪律的有关条款。而各项经济活动的情况和结果，又都要利用会计来记录和反映，因而会计工作就应当在记录、反映各项经济业务的同时，监督、检查各项经济活动是否执行和遵守国家的财经法律、法规、制度和财经纪律，如企业的现金收支是否执行了中国人民银行有关现金收支两条线的规定；企业成本费用开支是否执行了成本开支条例的有关规定，等等。

对于财经法律、法规、制度和财经纪律执行情况的监督，不仅要利用会计信息数据进行事后监督，更为关键的是进行事前和事中的监督，只有这样，才能防患于未然，进行卓有成效的全面监督。会计人员应不断提高自身业务素质和法律水平，依照《中华人民共和国会计法》，通过自身的工作，切实履行会计监督的职权，维护财经法律、法规、制度和财经纪律的权威。

3. 分析和考核资金运动的效果，提高经济效益。

提高经济效益是企业生产经营活动的根本所在，是经营管理工作的最终目标。企业财务部门是管理资金运动的综合部门，应当充分利用会计资料，对资金的使用效果进行全面的分析和考核，落实投入了多少资金，完成了多少生产任务和销售金额，资金周转速度和取得了多少利润。与前期相比，企业的资金使用效益是上升了还是下降了？其原因是什么？通过认真的分析，可以总结经验，寻找积极的对策，更好地完成经营任务，取得良好的投入产出效益。

4. 参与拟订经济计划、预测和决策，加强经济管理

经济决策是经济管理的一个重要的环节，经济决策得当与否，事关企事业单位的发展大局。要作出正确的经济决策就需要掌握大量的经济信息，这些经济信息主要由会计加工。因此，会计部门应当充分利用特有的方法体系，及时而准确地加工经济信息，为决策者提供所

需的会计数据，以便作出最佳的决策方案，取得最大的经济效益。

企事业单位的经济决策，需要通过制订经济计划、业务发展计划来具体落实。在拟订经济计划时，需要考虑资金承载能力，而资金运动是会计的对象，参与拟订经济计划，是会计工作的任务。

为保证经济计划和业务发展计划的实现，必须在计划的执行过程中采取有效的考核管理和控制措施。应用会计的专门方法，对企事业单位的资金运动进行事前、事中和事后的考核分析，有利于促进经济计划和业务发展计划的实现。会计部门作为经济管理的综合部门，参与经济计划拟订，可以发挥综合管理作用。

第三节 会计基本假设和会计基础

一、会计基本假设

会计基本假设是企业会计确认、计量和报告的前提，是对会计核算所处时间、空间环境等所作的合理设定，或对会计核算的范围、内容、要求等作出的规定，把会计核算限定在一定的条件下。会计核算的主要目标是向有关各方提供决策有用的会计信息，而信息的产生必须在一定的空间和时间范围内进行，并按一定的内容和形式，通过会计核算的程序和方法取得。会计核算的基本前提是限定会计核算的范围、内容，据以对收集、加工处理的会计信息加以过滤和筛选，以保证会计信息的质量和会计工作的正常进行。我国《企业会计准则》把会计基本假设分为会计主体、持续经营、会计分期和货币计量四个基本内容，它是规范会计核算行为的基础。

（一） 会计主体假设

会计主体是指会计为之服务的特定单位，即会计为何单位核算，核算何单位的经济活动。会计主体假设为会计核算明确了空间范围，只有明确会计核算的特定对象，将特定对象的经济业务与其他单位经济业务分开，与投资者的经济业务分开，才能保证会计核算资料的正确和完整，体现会计工作的目的，即反映一个特定单位的财务状况、经营成果和现金流量。

会计主体与法律主体不完全相同，法律主体可以是会计主体，但会计主体不一定是法律主体。法律主体是指依法独立承担民事责任和享受民事权利的法律实体，而会计主体是指会计核算的特定对象。根据《中华人民共和国公司法》的有关条款，公司属于一个法律主体，依法开展经营活动，自负盈亏、独立核算，显然公司也属于会计主体。总公司为了加强会计监督和核算，可以将非法人地位的分公司作为会计主体，独立核算经营业绩，编制会计报表，反映其财务状况、经营成果和现金流量，由总公司编制合并报表。

作为会计主体，必须具备的条件是：一是拥有独立的生产经营活动资金；二是独立进行生产经营活动；三是独立进行会计核算和编制会计报告。

（二） 持续经营假设

持续经营是指会计主体的经营活动将会持续下去，在可以预见的将来，会计主体不会面临破产或进行清算。在持续经营的前提下，企业所拥有的资产将在生产经营过程中被正常耗费或出售；所承担的债务将在生产经营过程中正常加以偿还；取得的资产可以按历史成本而非清算价格记账。

持续经营假设明确了会计工作的时间范围，为会计核算程序和方法的稳定提供了前提。会计核算可以采用权责发生制原则和配比原则核算，如固定资产计提折旧，可以按照其使用寿命或工作量计算。持续经营作为会计核算前提有以下作用：

（1） 由于假设企业是持续不断经营下去的，企业的资产价值将按历史成本计价，而不是采用清算价格。

（2） 持续经营假设为权责发生制和配比原则奠定了基础。

（3） 持续经营，企业资本保值和增值才有可能。企业资本不能保值，意味着企业资金失血，将导致企业破产而被清算。

面对激烈的市场竞争，任何企业都有可能不能持续经营。当企业无法持续经营下去，企业所有的资产和负债不遵循持续经营条件下的计价方法，只能依据《中华人民共和国破产法》进行计价而清算。

（三） 会计分期假设

会计分期又称为会计期间，是指将企业的生产经营过程人为划分为若干会计核算时段。企业生产经营活动具有时间上的不可间断性，总是周而复始地循环，导致其资产、负债和所有者权益等不断处于变化之中。从理论上分析，只有企业终止经营活动，才可能真正计算其经营成果，但这是不可能的。为了及时反映企业经营业绩，计算生产经营过程中耗费，定期编制会计报告，需要对企业生产经营过程进行人为分割，划分为若干合理时段。

会计分期一般有会计年度、半年、季度和月度。以一年为会计期间属于会计年度；以一个月为会计期间属于会计月度，以此类推。《中华人民共和国会计法》和《企业会计准则》均规定，企业以公历年度作为会计年度，即每年1月1日至12月31日。会计分期对会计原则及会计政策的形成和选用有着重要的影响，由于会计分期，出现了收入和费用的收付期与归属期不一致，产生了权责发生制和收付实现制，产生了收支配比原则。反映跨期的应收、应付、预提、待摊等会计账户，就是适应会计分期核算需要所设立的。

（四） 货币计量假设

企业生产经营活动各不相同，涉及物资形态各异，面对错综复杂的经济业务，需要有统一的计量尺度，以便全面、综合、系统地反映和监督企业经济业务全过程。实物计量单位应用于原始会计核算，随着商品经济发展，无法统一核算的实物计量单位不适应会计核算的要求。作为综合计量尺度的货币，具有一般等价物的功能，才能将不同的经济业务进行综合汇总，货币计量就成为会计核算的必要前提。

货币计量就是以货币作为计量尺度来计量，记录会计主体的经济活动，并将其转化为统一的以货币表现的会计信息。货币计量假设具有两层含义： 一是在众多的计量单位中，货币计量是综合计量尺度，可以进行汇总核算，这是实物计量单位无法比拟的；二是货币价值是稳定的，只要物资形态和实物计量的数量不变，其前后货币计量价值也不会产生变化。当市场物价产生频繁波动时，货币计量出现问题，需要采用特殊会计准则加以处理和调整。

我国《企业会计准则》规定，会计核算以人民币为记账本位币。对于涉外企业和有关单位，如果外币收支业务占主要部分，在日常会计核算时，也可以选择某种外币作为记账本位币。不论采用何种货币作为记账本位币，编制会计报表时必须折算为人民币反映。

货币计量假设也有其局限性，只能用于那些能够用货币计量的经济活动，而对于那些不能用货币计量的经济活动，如企业产品质量、技术革新、企业品牌、经济实力和企业竞争力等因素，都会影响企业的经济活动及其财务状况，这些非货币表现的经济信息，需要采取其他方式加以补充说明，以弥补货币计量的不足。

二、会计基础

会计基础又称为会计核算的结账基础，即以什么数字作为会计结账的数字基础。在会计核算时，由于各种原因，经济业务发生的时间与相应的现金收支行为的发生时间不一致，往往会发生一些应收未收、应付未付的经济事项，这就产生了收付实现制和权责发生制两种会计核算基础。以收入和费用的实际收支期间为标准确认收入和费用的方法，称为收付实现制；以收入和费用的归属期间为标准确认收入和费用的方法，称为权责发生制。我国《企业会计准则》规定： 企业应当以权责发生制为基础进行会计确认、计量和报告。

权责发生制原则又称应收应付原则，是指在会计核算时，以权益和责任是否发生为标准来确定本期收入和费用的原则。按照权责发生制原则，凡是当期取得的收入或应当承担的费用，不论款项是否收付，均应确认为当期收入或费用；否则，即使款项已经收付，凡不属于当期收入或应当承担的费用，也不确认为当期收入或应当承担的费用。当收入和费用发生的会计期间不一致时，权责发生制原则要求分期反映收支，这就产生了跨期会计处理方法，如预收账款、预付账款、应收账款、应付账款、预提费用、待摊费用、递延税款等账户，就是适应权责发生制原则而产生的。

与权责发生制相对应的是收付实现制。收付实现制是以实际收到或付出的时间为标准，来确认本期收入或费用是否实现，收到现金就算当期收入，支付现金就算当期费用。我国《企业会计准则》规定，企业采用权责发生制进行会计核算，而行政事业单位则采用收付实现制进行会计核算。

第四节　会计信息质量要求

会计信息质量要求是对企业财务报告中所提供会计信息质量的基本要求，是财务报告中所提供的会计信息应具备的基本特征，根据《企业会计准则》提出的规定，会计信息质量要求包括可靠性、相关性、可理解性、可比性、实质重于形式、重要性、谨慎性和及时性等。

一、可靠性原则

可靠性原则是指企业提供的会计信息必须以实际发生的经济业

务及证明经济业务发生的合法凭证为依据，如实反映财务状况和经营成果，做到内容真实、数字准确、项目完整、手续齐备、资料可靠。如果企业的会计核算不是以实际发生的交易或事项为依据，没有如实地反映企业的财务状况、经营成果和现金流量，会计工作就失去了存在的意义，失真的会计信息会误导使用者的决策。

二、相关性原则

相关性原则又称有用性原则，要求企业提供的会计信息应当能够反映企业的财务状况、经营成果和现金流量，以满足会计信息使用者的需要。不同的会计信息使用者对会计信息要求有所不同，投资者需要了解企业的获利能力；债权人需要了解企业的偿债能力；上下游企业需要了解企业的经营状况；企业管理当局需要掌握资金利用效率和计划完成情况；税务部门需要了解企业纳税情况。可见，与信息使用者相关的信息，才能被其重视和利用，才是有价值的会计信息。企业应当针对不同的会计信息使用者提供相应的会计信息，帮助其决策。

三、可理解性原则

可理解性原则也称明晰性原则，就是要求企业提供的会计信息应当清晰明了，便于财务会计报告使用者理解和使用。同时也有利于审计人员进行审计。可理解性首先要求会计记录应当准确、清晰，填制会计凭证、登记会计账簿必须做到依据合法、账户对应关系清楚、数字准确。只有这样才能使提供的会计信息清晰明了，易于理解。

四、可比性原则

可比性原则要求企业的会计核算应当按照规定的会计处理方法

进行，会计指标在内容和核算口径上应该与历史的、计划的及其他单位的同类指标一致，能进行纵向和横向的比较。

可比性原则要求企业的会计核算应当按照国家统一的会计制度的规定进行，使所有企业的会计核算都建立在相互可比的基础上。只要是相同的交易或事项，就应当采用相同的会计处理方法。会计处理方法的统一是保证会计信息可比的基础。不同的企业虽然所处地区不同、行业不同，主要按照可比性原则进行会计核算，所提供的会计信息才能满足会计信息使用者进行横向比较的需要，以判断企业经营成绩，便于作出科学决策。

五、实质重于形式原则

实质重于形式原则，要求企业应当按照交易或事项的经济实质进行会计核算，而不应当仅仅按照它们的法律形式作为会计核算的依据。

如企业以融资租赁方式租入的资产，虽然从法律形式上看，承租企业并不拥有资产的所有权，但由于租赁期几乎接近于资产的使用寿命，该资产未来的经济利益基本流入承租企业，从经济实质来看，融资租赁方式租入的资产相当于自己拥有产权的资产。所以，企业在会计核算时，可以将融资租赁方式租入的固定资产视同承租企业的资产。

六、重要性原则

重要性原则要求企业在进行会计核算时，对交易或事项应当区别其重要程度，采用不同的核算方式。对资产、负债、损益等有较大影响，进而影响财务会计报告使用者据以作出合理判断的重要会计事项，必须按照规定的会计方法和程序进行处理，并在财务会计报告中予以充分、准确披露；对于次要的会计事项，在不影响会计信息真实性和误导会计报告使用者作出正确判断的前提下，可适当简化会计核算和程序。

会计信息加工是有成本的，如果企业对所有会计事项都详细核算，将导致高财务成本，低核算效益。重要性原则强调会计信息成本与效益的辩证关系，坚持重要性原则，就是要求会计信息的利用收益大于提供的成本。某一会计事项是否属于重要事项，取决于会计人员的职业判断，不同企业对同一会计事项判断也有不同。

七、谨慎性原则

谨慎性原则又称稳健性原则，要求企业在进行会计核算时，充分估计费用和负债，谨慎估计资产和收益。

企业的经营活动充满着风险和不确定性，在会计核算工作中坚持谨慎性原则，要求企业在面临不确定因素需作出职业判断时，应当保持必要的谨慎，充分估计到各种风险和损失，既不高估资产或收益，也不低估负债或费用。例如，企业在会计年度结束时，对应收账款计提坏账准备，对固定资产计提减值准备等，都是遵循谨慎性原则。

企业不得利用谨慎性原则，任意高估费用和负债，人为调节利润，以达到逃避纳税目的。否则，属于滥用谨慎性原则，将受到国家法律、法规的制裁。

八、及时性原则

及时性原则是指会计信息应当及时处理、及时提供，以充分发挥信息的时间价值。会计信息具有时效性，其使用价值会随着时间的推移而衰减，甚至丧失其利用价值。会计信息的价值在于帮助人们分析情况，提出解决问题的对策，过时的会计信息无法起到决策作用，反而会导致决策失误。在会计核算过程中坚持及时性原则，需做到：一是要求及时收集会计信息，即在经济业务发生后，及时收集整理各种原始会计单据；二是及时处理会计信息，即在国家统一的会计制度规定的时间内，及时做账、算账和编制会计报告；三是及时传递会计信息，即在国家统一规定的时间内，将会计报告传递给使用者。例如，地方税务部门规定，企业应在次月 15 日前，将上月纳税申报表和会计报表交给税务部门，否则，给予纳税处罚；上市股份有限公司需在次年 4 月底之前，将上年财务状况、经营业绩和现金流量情况向股东报告。

第五节 会计要素计量属性

一、会计要素的计量属性

会计计量是为了将符合确认条件的会计要素登记入账并列报于财务报表而确定其金额的过程。企业应当按照规定的会计计量属性进行计量，确定相关金额。计量属性是指被计量对象（即会计要素）的数量化特征或外在表现形式。对一个项目要进行数量化，这个数量化的特征是什么性质我们称为属性。从会计角度，计量属性反映的是会计要素金额的确定基础。计量属性的不同选择会使相同的计量对象表现为不同的货币数额。目前根据《企业会计准则》的规定，可供选择的计量属性有历史成本、重置成本、可变现净值、现值和公允价值。在会计计量时，一般应采取历史成本。

（一） 历史成本

历史成本又称为实际成本，指取得资源时的原始交易价格，现金交易时表现为付出的现金；非现金交易时表现为被交易资源的现金等价物。在历史成本计量下，资产按取得时付出的现金或现金等价物的金额或按其取得时所付出的对价的公允价值计量。负债按照其因承担现时义务而实际收到的款项或者资产的金额，或者承担现时义务的合同金额，或者按照日常活动中为偿还负债预期需要支付的现金等价物的金额计量。

（二） 重置成本

重置成本又称现行成本，是指按照当前市场条件下，重新取得同样一项资产所需支付的现金或现金等价物金额。在重置成本计量下，资产按照现在购买相同或者相似资产所需支付的现金或者现金等价物的金额计量。负债按照现在偿付该项债务所需支付的现金或者现金等价物的金额计量。

重置成本和历史成本之间存在着密切联系，当两者都发生在原始交易日时，重置成本和历史成本之间在数量上是相等的。但是由于资产供求关系、技术水平和生产成本会发生变化，两者往往又不相等。

（三） 可变现净值

可变现净值，是指在正常生产经营过程中，以预计售价减去进一步加工成本和预计销售费用以及相关税费后的净值。在可变现净值计量下，资产按照其正常对外销售所能收到现金或者现金等价物的金额扣减该资产至完工时估计将要发生的成本、估计的销售费用以及相关税费后的金额计量。对负债来说，就是按负债清偿价值来记录，对那些已知货币金额，而应付日期不确定的负债，一般按可结清净值记录，如应付购货款等。可结清净值是指在正常经营状态下为清偿一笔负债可望付出未经贴现的现金或现金等价物。

（四） 现值

现值是指对未来现金流量以恰当的折现率进行折现后的价值，又称未来现金流入量现值，是考虑货币时间价值的一种计量属性。在现值计量下，资产按照预计从其持续使用和最终处置中所产生的未来净现金流入量的折现金额计量。负债按照预计期限内需要偿还的未来净现金流出量的折现金额计量。

（五） 公允价值

公允价值，是指在公平交易中，熟悉情况的交易双方自愿进行资产交换或者负债清偿的金额。在公允价值计量下，资产和负债按照公平交易中熟悉情况的交易双方自愿进行资产交换或者债务清偿的金额计量。

第六节 会计核算的方法

一、会计方法

会计方法是在反映和监督会计对象时所采用的一系列专门手段，是会计职能的具体化。会计方法包括会计核算的方法、会计分析与预测决策的方法和会计检查的方法，三种方法既相互独立，又相互联系和配合，构成一个完整的会计方法体系。会计核算是会计的基础工作和基本环节；会计分析是对会计核算所产生的会计信息再加工；会计预测决策是利用会计信息从事预测和决策，为管理提供信息服务；会计检查是对会计工作过程和质量的检验，随着会计检查方法的发展和完善，会计检查已经从会计中独立出来，成为单独的学科。

二、会计核算的方法

会计核算是对会计对象的具体内容进行确认、记录、计量和报告的方法，具体包括设置会计科目和账户、复式记账、填制和审核凭证、登记账簿、成本计算、财产清查和编制会计报表等，这些方法形成一个完整的会计核算体系。

（一） 设置会计科目和账户

会计科目是对会计对象的具体内容进行分类核算的项目名称。账户是依据会计科目在账簿中开设的专门户头，是分类、连续和系统记录经济业务的载体。按照经济业务的内容和管理要求，在各账户中分类反映各会计要素的增减变化和过程，可以提供管理所需的各种会计信息。设置会计科目和账户，需要遵循一定的原则，具体设置原则在第三章介绍。

（二） 复式记账

复式记账是对发生的每一项经济业务都要在两个或两个以上的相互关联的账户中进行登记的一种记账方法。任何经济业务的发生，必然会引起相关的会计要素发生变化，运用复式记账的方法，及时、客观、完整地记录资金运动的来龙去脉，可以全面有效地监督和反映各单位的经济活动情况，提供如实而完整的会计信息。

（三） 填制和审核会计凭证

填制和审核会计凭证是保证会计记录客观真实和对经济业务进行监督的一种专门方法。会计凭证是记录经济业务，明确经济责任的书面证明，是登记账簿的依据。会计凭证是用会计语言来描述经济业务，任何一项经济业务都必须正确而及时地填制会计凭证，并经会计专业人员审核确认无误后，才能按照业务发生的时间顺序，分门别类地登记有关账簿。会计专业人员有权依据《中华人民共和国会计法》和相关会计制度的规定，对违法违规的会计事项拒绝办理或予以纠正。通过填制和审核会计凭证，可以监督经济业务合理合法进行，保证会计记录真实可靠。

（四） 登记会计账簿

会计账簿是由一定格式、相互关联的账页所组成，用来完整、联系、系统地登记经济业务的簿籍。登记会计账簿必须以审核无误的会计凭证为依据，将会计凭证中记载的经济业务分门别类地登记到有关账簿中。通过账簿登记，可以将分散的经济业务进行系统的归类和汇总，为收入、成本费用和利润等计算提供总体和明细的会计数据，便于会计报表的编制。

（五） 成本计算

成本计算是将企业在生产经营过程中所发生的人力、物力和财力消耗，按照一定的成本对象（如产品、生产步骤、产品批次）进行归集和分配，以计算确定各核算对象的总成本和单位成本的一种专门方法。通过成本计算，可以确定材料采购成本、产品生产成本和产品销售成本等，并在分析成本组成基础上，加强成本管理，降低成本支出，不断提高企业经济效益。

（六） 财产清查

财产清查是指定期或不定期地对各项物资、货币资金、债权等资产进行清点、核对账目，查明各项资产实际情况的一种专门方法。在会计工作中，通过定期或不定期对全部或部分财产进行实地清查，将清查结果与账面结余数进行对比。账面多于实际数，属于盘亏，反之，属于盘盈。

通过财产清查，一方面，可以查明财产物资的实存数，以保证账实一致；另一方面，可以检查财产物资保管现状和管理制度建设与执行情况。财产清查目的是确保账实相符、账账相符、账表相符，防止物资积压、废损和往来账款长期拖欠，为加强财产物资管理提供一手信息。

（七） 编制会计报表

会计报表是根据账簿记录定期编制的，总括反映各单位在特定日期的财务状况和一定时期的经营成果、现金流量等情况的书面报告文件。会计报表分为对外和对内两种类型，对外会计报表有资产负债表、利润表、利润分配表和现金流量表；对内会计报表在上述四种会计报表基础上，增加主营业务收支明细表、管理费用表和营业费用表，不同会计报表格式各有不同。编制会计报表，一方面可以为单位外部的信息使用者（如债权人、投资者、金融机构、企业上下游单位、税务部门）提供有助于其决策的会计信息；另一方面也为企业内部经营管理，分析计划和预算执行情况，提供考核依据。

以上各种会计核算的方法，是相互连续、有机结合的一个完整的方法体系。其中，设置会计科目和账户是进行会计核算的准备工作；复式记账是会计核算所使用的特有方法；填制和审核会计凭证、登记会计账簿和编制会计报表是会计核算工作的三个基本环节；成本计算和财产清查能够保证会计核算资料的准确可靠。企业经济业务发生后，经办人要按规定手续填制（或取得）和审核原始凭证；根据审核无误的凭证，按照设置的会计科目和账户，采用复式记账法编制记账凭证，并据以在相关账簿中进行登记；根据账簿记录和会计凭证数据，进行成本计算；期末，根据账簿记录数据与实物进行核对，保证账实相符；根据账簿记录和会计凭证定期（月、季、年）编制会计报表。

第二章 会计要素与会计等式

第一节 会计要素

通过前述可知，会计的任务是为相关者提供决策所需的分门别类的会计信息，这就要求对会计对象进行分类核算，以便确认计量、记录和报告经济业务活动的全过程。

会计要素是对会计核算和监督的对象所进行的基本分类，即将会计对象按照一定标准分解为若干要素。对会计要素的分类，各个国家基本相同，我国《企业会计准则》将会计要素分为资产、负债、所有者权益、收入、费用和利润六大类。

一、会计要素的意义

资产、负债和所有者权益是反映企业财务状况的三大会计要素，是静态的会计信息；收入、费用和利润是反映企业经营成果的三大会计要素，是动态的会计信息。上述六大会计要素能够全面反映和核算企业经营业务，其意义：

（1） 会计要素是对会计对象的具体分类，明确了会计确认和计量的对象，形成了会计核算的基础平台。

（2） 会计要素可以分门别类提供会计信息，有助于会计信息使用者进行决策。例如，投资者需要企业提供投资利润率方面的会计信息，债权人需要企业提供偿债能力方面的会计信息，税务部门需要企业提供纳税方面的会计信息，等等。

（3） 会计要素为编制财务会计报表提供了理论依据和数据基础。财务会计报表是联结企业内外的信息桥梁，按会计要素编制的会计报表，可以科学并相互关联地反映企业经济活动的成果和财务状况。

二、会计要素及确认

（一） 资产

资产是指过去交易或事项形成的，并由企业拥有或控制的经济资源，该资源预期会给企业带来经济利益。企业从事生产经营活动，必须具备相关的物质基础，既有有形的实物资产（如厂房、机器设备和原材料等），也有无形资产（如专利、商业信誉和土地等）。上述均属于资产的具体物质形态，具有资产的共同特点。

1. 资产的分类

资产品种繁多，形态各异。为了便于核算和监督资产运行，根据我国《企业会计准则》的规定，按照资产流动性，可分为流动资产和非流动资产。

（1） 流动资产。流动资产是指可以在一年或者超过一年的一个经营周期内变现或耗用的资产，包括货币资金、交易性金融资产、应收及预付款项、存货等。流动资产在企业日常经营活动中占有十分重要的地位，其管理和流转效率关系企业的生存和发展。

流动资产的特点是： 一是周转速度快，变现能力强；二是波动性强，管理难度大；三是投资额相对较小，投资风险不大。

（2） 非流动资产。非流动资产主要有可供出售金融资产、持有至到期投资、长期股权投资、固定资产、无形资产、商誉等。

2. 资产的特点

（1） 资产是过去交易或事项形成的。如企业购买机器设备导致固定资产的增加，接受股东货币投资导致银行存款的增加，但编制采购计划并不会使库存材料增加，因为编制采购计划并未产生实际交易。

（2） 资产是由企业拥有或控制的，其所有权或控制权归企业。如企业临时租赁的固定资产，在租赁期内只有使用权，租赁期满后必须归还出租人，这些固定资产不属于承租人的资产；企业融资租赁的固定资产，由于租赁期接近其使用寿命，其经济利益主要流入承租人，根据实质重于形式的原则，融资租赁的固定资产属于承租人的资产。

（3） 资产是企业的一项经济资源，通过有效利用和组合，能够直接或间接地为企业带来预期的经济利益。比如企业采购的原材料用于生产加工商品，销售实现的利润归企业所有。若一项资产不能为企业创造经济利益，就应进行处置，不再作为企业的资产。

对于公允价值能够可靠计量的金融资产，企业可以将其直接指定为可供出售金融资产。例如，在活跃市场上有报价的股票投资、债券投资等。

持有至到期投资，是指到期日固定、回收金额固定或可确定，且企业有明确意图和能力持有至到期的非衍生金融资产。

固定资产是指使用年限在一年以上，单位价值在规定的标准以上，并在使用过程中保持原有物质形态的资产，包括房屋及建筑物、机器设备、运输设备、工具器具等。固定资产的单位价值一般有500元、1 000元、2 000元三个标准，低于上述标准的大批同类耐用资产，也可归类于固定资产。

无形资产是指企业能够长期使用而没有实物形态，但能为企业带来特殊经济利益的资产，包括专利权、商标权、著作权、专营权、土地使用权等。

（二）负债

负债是过去的交易或者事项形成的、预期会导致经济利益流出企业的现时义务。

1. 负债的分类

负债按偿还期限的长短分为流动负债和长期负债。

流动负债是指在一年或者超过一年的一个经营周期内需要偿还的债务，包括短期借款、应付账款、应付票据、预收账款、应付职工薪酬、应付股利、应付利息、应交税费、其他应付款和一年内到期的长期负债等。长期负债是指偿还期在一年或者超过一年的一个经营周期以上的债务，包括长期借款、应付债券、长期应付款等。

负债按偿还的方式分为货币性负债和非货币性负债。货币性负债是指未来需用现金偿还的债务，如应付账款、应付票据、短期借款和长期借款等。非货币性负债是指未来通过提供劳务或商品的方式偿还的债务，如预收账款、采取补偿贸易方式引进设备的长期应付款等。预收账款是企业在销售商品或提供劳务之前向客户收取的款项，未来需用商品或劳务抵偿的债务。

2. 负债的特点

（1） 负债是过去的交易或者事项形成的，是企业所承担的现时义务。现时义务是企业在现行条件下已承担的义务，未来发生的交易或者事项形成的义务，不属于现时义务。例如，赊购原材料，自赊购之日起，企业就负有偿还欠款的义务，未来赊购原材料所产生的债务，不能作为企业的负债。

（2） 负债的金额必须是能够用货币确切计量或合理估计，需要在未来某个时期加以清偿。除或有负债外，一般都有明确的期限和金额，需要在未来某个时期进行清偿。

（3） 负债的清偿预期会导致经济利益流出企业。企业清偿负债的形式多样，可以用货币资金、实物资产、无形资产，也可以提供劳务抵偿负债，无论采取何种方式清偿负债，都会导致经济利益流出企业。

（三） 所有者权益

所有者权益是指所有权人在企业中享有的经济利益，其金额等于资产扣除负债后的净资产金额。所有者权益是所有权人对企业净资产的要求权和索偿权，包括对企业的投资和企业历年经营活动产生的净利润积累。

1. 所有者权益的分类

所有者权益按形成方式的不同，分为资本和留存收益两部分。资本分为实收资本（或股本）和资本公积，留存收益分为盈余公积和未分配利润。

实收资本（或股本）是投资人按照企业章程或投资协议，实际投入企业的资本金是企业从事经营活动的启动资金，是企业所有者权益构成的主体。实收资本按照投资者的主体不同，分为国家资本、法人资本、个人资本和外商资本，除国家有特别规定的行业外，外商资本的比重一般不受限制。

资本公积是指所有权人投入但不能构成实收资本，或从其他来源取得的，由企业所有权人共同享有的资本，包括资本（股本）溢价和直接计入所有者权益的利得和损失。资本公积与实收资本（股本）都属于所有者权益，但有所区别，所有权人依据实收资本（股本）份额分得红利并享有经营管理方面的表决权。资本公积可以按照法定程序转增资本或股本。

盈余公积是企业按照规定从税后利润中提取的，包括法定公积金和任意公积金。盈余公积可以用来弥补亏损、按规定的程序转增资本或股本，也可有条件地用于分派现金股利。

企业实现的税后利润扣除提取的盈余公积后，形成待分配利润，根据股东会或董事会决议，分配股利后的余额，即为未分配利润。

2. 所有者权益的特点

（1） 企业除非发生减资和清算，不需要偿还所有者权益。

（2） 清算时，债权人优先企业所有权人受偿企业的资产，当清偿债务后有净资产时，企业才对所有权人分配净资产。

（3） 所有者权益的大小取决于出资的多少和企业的盈利水平。

经营产生盈利，所有者权益随之增加；经营发生亏损，所有者权益随之减少。所有者承担企业最终的经营风险，同时也享有企业的最终净利润，债权人无权参与企业的净利润分配。

（四） 收入

收入是指企业在销售商品、提供劳务和让渡资产使用权等日常活动中形成的经济利益的总流入。收入不包括为第三方或客户代收的款项。

1. 收入的分类

收入分为主营业务收入和其他业务收入两类。

主营业务收入是企业经营范围内主体业务活动所产生的收入。主营业务收入在企业收入总额中占有绝对的比重，是影响企业经济效益的主要因素，不同企业的主营业务收入内容各不相同。

其他业务收入是企业主体业务活动之外所产生的收入。其他业务收入在企业收入总额中占有比重较低。

主营业务收入和其他业务收入的划分是相对的。例如，钢铁企业销售钢材收入属于主营业务收入，房屋出租收入则属于其他业务收入；而房地产企业的房屋出租收入属于主营业务收入，销售钢材收入则属于其他业务收入。

营业外收入和投资收益虽然不符合收入的定义，但在会计核算时，将营业外收入和投资收益归集为收入处理。营业外收入是指企业日常活动中无关的额外经济利益的流入，如超过法定期限并无法支付的各种债务款项、收取的各种罚金等；投资收益是指企业对外投资取得的经济利益，如企业购买各种债券取得的利息收入、股利或股本金分红收益等。

2. 收入的特点

（1） 收入是从企业日常经营活动中产生，而不是从偶发的交易或事项中产生。例如，商业企业销售商品取得的收入是在日常经营活动中产生的，属于收入范畴。但是，有些交易或事项虽然也能为企业带来经济利益，却不属于日常经营活动。例如，固定资产清理所产生的营业外收入，属于利得范畴而不应作为收入。

（2） 收入的增加表现为企业资产的增加或负债的减少，并将导致所有者权益的增加。例如，企业销售商品收到现金或形成应收账款等债权，属于企业资产的增加；企业用商品销售收入直接抵冲债务，会减少企业的负债。

（3） 收入会导致经济利益的流入，经济利益不会流入本企业的代收款项，不属于收入的范畴。例如，企业为税务部门代收的增值税，为客户代销的货款等，不属于企业的收入。

（五） 费用

费用有狭义和广义之分。通常所讲的费用是指狭义的费用，即企业在销售商品、提供劳务等日常经营活动中所发生的经济利益的流出。费用应与收入配比，以期衡量企业的经济效益。

广义的费用还包括投资损失、营业外支出和所得税费用。投资损失为企业对外投资所发生的投资净损失（投资损失 - 投资收益）；营业外支出是指与企业的正常生产经营活动无关的各种支出或损失，如非常损失、固定资产盘亏、出售或清理固定资产的净损失、对外捐赠、国家执法机构给予的相关处罚款项等；所得税费用是指企业获利后按照企业所得税法的规定所交纳的企业所得税额。

1. 费用的分类

企业要进行生产经营活动，必然要发生各种费用，如工业企业生产过程中需要消耗原材料、燃料和动力、支付职工工资和各种社会保障费用、设备折旧费用和维修费用等。按照费用与产品成本关系，可以分为生产费用和期间费用。

生产费用是指为生产产品或提供劳务而发生的，能够予以对象化的，构成产品或劳务成本的费用，主要包括生产过程中发生的直接材料、直接人工、动力费用和生产组织费用。

期间费用是指与生产无直接关联，不能予以对象化的，直接计入当期损益的费用，包括管理费用、销售费用和财务费用三部分。管理费用是指企业行政管理当局为组织和管理企业所发生的各种费用，销售费用是指企业在销售商品过程中所发生的广告费、运输费、展览费以及专设销售机构的运行费用，财务费用是指企业在理财过程中所发生的利息费用、汇兑损益和财务结算手续费。

2. 费用的特点

与收入相对应，费用具有以下特点：

（1） 费用是企业日常经营活动中所发生的经济利益的流出。不属于企业日常经营活动中所发生的支出，如逾期纳税所缴纳的罚款支出、财产清查的盘亏，均不属于费用范畴。

（2） 费用表现为企业资产的减少或负债的增加。例如，生产领用原材料，一方面表现为材料费用的增加，另一方面表现为资产（库存材料）的减少；企业结算工资，一方面表现为工资费用的增加，另一方面表现为负债（应付职工薪酬）的增加。

（3） 费用会减少企业的所有者权益。费用越高，企业获利越低，企业的所有者权益越少。

（六） 利润

利润是企业经营活动所追求的最终目标，是企业在一定会计期间的经营成果，即企业经营收入抵补费用后的余额。

利润由营业利润、投资收益净额和营业外收支净额三部分组成。营业利润是指企业销售商品、提供劳务等日常经营活动产生的利润，其金额为主营业务利润和其他业务利润减去期间费用（管理费用、销售费用和财务费用）后的余额；投资收益净额是指企业对外投资赢利减去亏损后的余额；营业外收支净额是指营业外收入减去营业外支出后的余额。利润交纳所得税后的净额即为净利润，净利润按照法律法规和公司章程，经股东会批准后进行分配。

第二节 会计等式

会计要素分为资产、负债、所有者权益、收入费用和利润六大类，会计要素之间存在一定的数量逻辑关系，会计等式就是反映会计要素数量关系的等式，也称为会计方程式或会计平衡式。会计等式是复式记账和构筑会计报表的基本依据，也是检查会计工作正确与否的重要手段。

一、会计的基本等式

企业开展生产经营活动，就需要相应的经济资源作为物质基础。经济资源的物质形态即资产，如现金、银行存款、原材料和机器设备等，这些经济资源能以货币计量，为企业在正常的生产经营中取得、使用和支配，通过有效经营获得增值，以获取经济利益。

任何资产都有其来源渠道，企业的最初资产都是由投资者提供的，提供资产者对该资产具有所有权或索偿权，在会计上表现为所有者的权益；当企业生产经营需要的资产投资者无法满足时，企业可以通过贷款等方式举债，以获取需要的资产，在会计上表现为债权人的权益。资产和权益是同一事物的两个侧面，资产表明企业拥有哪些资源和拥有多少资源，权益表明企业拥有或控制的资产由谁提供，资产带来的经济利益归谁所有。可见，资产和权益是相互对应的，在任何情况下总是相等的。没有资产，就不存在对该资产的所有权或要求权；反之，没有权益，就不会形成资产，其关系可用下列公式表示：

资产 = 权益

权益 = 所有者权益 + 债权人权益（企业的负债）

资产 = 所有者权益 + 负债（会计基本等式）

这一会计等式反映了会计要素之间的数量关系，是设置账户、复式记账和编制会计报表等会计核算方法的理论依据，在会计理论和会计实务中占有十分重要的地位。

二、会计基本等式的特性——恒等式

不同企业的经营活动过程是千差万别的，任何企业发生的经济业务都会引起会计要素有关项目金额发生增减变化。在会计上，将能导致会计要素有关项目金额发生增减变动的经济业务称为会计事项。

企业的经营活动是纷繁复杂的，但从引起会计要素有关项目金额发生增减变化的情况来分析，可以归纳为四类：

（1） 企业经济业务活动导致会计基本等式的左边发生变化。

例 2-1 A 公司于 2009 年 1 月 10 日以银行存款购买生产用原材料 50 000 元。

这项经济业务的发生会导致企业的银行存款减少 50 000 元，企业库存的生产用原材料增加 50 000 元。由于银行存款和原材料均属于资产类会计要素，该项经济业务的发生只影响资产的变化，对负债和所有者权益不产生影响。由此可见，该项经济业务的发生不影响会计基本等式的平衡关系。

（2） 企业经济业务活动导致会计基本等式的右边发生变化。

例 2-2 A 公司于 2009 年 1 月 15 日将资本公积 360 000 元转增为资本金。

这项经济业务的发生会导致企业的资本公积减少 360 000 元，实收资本增加 360 000 元。由于资本公积和实收资本均属于所有者权益类会计要素，该项经济业务的发生只影响所有者权益的变化，对负债和资产不产生影响。由此可见，该项经济业务的发生不影响会计基本等式的平衡关系。

（3） 企业经济业务活动导致会计基本等式的两边同时增加。

例 2-3 A 公司于 2009 年 1 月 18 日购买汽车 1 辆，价款 200 000 元尚未支付。

这项经济业务的发生会导致企业的固定资产增加 200 000 元，应付账款增加 200 000 元。由于固定资产属于资产类会计要素，应付账款属于负债类会计要素，该项经济业务的发生会导致资产和负债同时增加。由此可见，该项经济业务的发生不影响会计基本等式的平衡关系。

（4） 企业经济业务活动导致会计基本等式的两边同时减少。

例 2-4 A 公司于 2009 年 1 月 20 日将应收票据 200 000 元背书转让给银行，用于抵偿到期的短期借款。

这项经济业务的发生会导致企业的应收票据减少 200 000 元，短期借款减少 200 000 元。由于应收票据固定资产属于资产类会计要素，短期借款属于负债类会计要素，该项经济业务的发生会导致资产和负债同时减少。由此可见，该项经济业务的发生不影响会计基本等式的平衡关系。

通过上述经济业务对会计要素影响的分析，可以得出以下结论： 每一项经济业务都会引起有关会计要素及相关项目发生变化，但变化结果不会破坏“资产 = 负债 + 所有者权益”这一基本会计等式的恒等关系。

三、会计等式的扩展

在生产经营活动中，企业通过销售产品或提供劳务而取得收入，同时耗费和支出相应的费用，收支相抵后的余额即为经营成果（利润或亏损），其数量关系可用下列公式表示：

利润 = 收入 - 费用

式中： 收入包含主营业务收入、其他业务收入、营业外收入和投资收益；费用包括主营业务成本、其他业务支出、营业外支出、投资损失、管理费用、财务费用、销售费用和营业税金及附加；利润是收入抵补费用后的余额。企业通过经营或投资活动获取利润，是实现所有者权益增值的重要途径，是企业生存和发展的内在动力，企业获取了利润，即可为投资者带来红利、为员工福利提供财力支持，也可为国家贡献税收。

利润经过分配后转化为所有者权益，将上述公式与会计基本等式合并，得到：

资产 = 负债 + 所有者权益 +（收入 - 费用）

或资产 + 费用 = 负债 + 所有者权益 + 收入

通过以下经济业务对会计要素的影响，来分析会计基本等式扩展后的恒等关系是否成立？

例 2-5 A 公司于 2009 年 1 月 22 日销售商品一批，售价 600 000 元（不含增值税），商品成本 400 000 元，货款尚未收到。

该项经济业务对会计等式的影响分为两部分： 第一部分是销售过程，销售会导致销售收入增加 600 000 元，销售货款未收会导致应收账款增加600 000元；第二部分是销售商品出库，会导致库存商品减少400 000元和商品销售成本增加400 000元。将上述数据列入会计等式中：

资产（2 041 500）+费用=负债+所有者权益（2 041 500）+收入

资产（应收账款） +600 000元

资产（库存商品） -400 000元

费用（主营业务成本）+400 000元

收入（主营业务收入）+600 000

上述数据汇总后，等式左、右两边数据均为2 641 500元。由此可见，经济业务变化不会影响会计等式的恒等性。

第三章 会计科目与会计账户

第一节 会计科目

一、设置会计科目的意义

会计科目是对会计要素的具体内容进行分类核算和监督的项目。会计要素的具体内容各有不同,管理要求也各不相同。为了全面、系统、详细地反映和监督各项经济业务的发生情况，以及由此引起的各项资产、负债、所有者权益和各项损益的增减变动，分门别类地为经济管理提供会计核算资料，就有必要按各项会计要素分别设置会计科目。

设置会计科目就是根据会计要素的具体内容和经济管理的要求，事先规定分类核算项目或标志的一种专门方法。通过设置会计科目，可以对纷繁复杂、性质不同的经济业务进行科学的分类，可以将复杂的经济信息变成有规律的、易识别的经济信息，并为其转变为会计信息准备条件。在设置会计科目时，需要将会计对象具体内容相同的归为一类，设一个会计科目，凡是具备这类信息特征和要求的经济业务，都应在这个科目下进行核算。例如，根据负债这一会计要素的特征以及经济管理的要求，可以设置“短期借款”“长期借款”“应付票据”“应付账款”“预收账款”等会计科目，这样才能对负债这类会计要素的具体内容进行核算。设置会计科目时，要为每一个具体的类别规定一个科目名称，并且限定该科目应核算的内容。例如，为了核算库存现金，就要设置一个“库存现金”科目，同时限定“库存现金”科目就是用来核算企业库存现金的收付与结存情况。可见，会计科目就是对会计要素的具体内容分类的标志，在每一个会计科目中都要有明确的含义和核算范围。

会计科目是进行各项会计记录和提供各项会计信息的基础，在会计核算中具有重要意义。主要表现在：

（1） 会计科目是复式记账的基础。复式记账要求每一笔经济业务在两个或两个以上相互联系的账户中进行登记，以反映经济业务引起的资金增减变化情况。

（2） 会计科目是编制记账凭证的基础。在我国，会计凭证是确定所发生的经济业务应记入何种科目以及分门别类登记账簿的依据。

（3） 会计科目为成本计算与财产清查提供了前提条件。通过会计科目的设置，有助于成本核算，使成本计算成为可能；而通过账面记录与实际结存的核对，又为财产清查、保证账实相符提供了必备的条件。

（4） 会计科目为编制会计报表提供了方便。会计报表是提供会计信息的主要手段，为了保证会计信息的质量及其提供的及时性，会计报表中的许多项目与会计科目是一致的，并根据会计科目所设置账户的本期发生额或余额填列。

二、设置会计科目的原则

会计科目作为反映会计要素的构成及其变化情况，为投资者、债权人、企业经营管理者等提供会计信息的重要手段。因此，企业设置会计科目必须遵循以下几项原则：

1. 合法性原则

为了保证会计信息的可比性，所设置的会计科目应当符合国家统一的会计制度的规定。对于国家统一会计制度规定的会计科目，企业根据自身的生产经营特点，在不影响会计核算要求和会计报表指标汇总，以及对外提供统一的财务会计报表的前提下，自行增设、减少或合并某些会计科目。

2. 相关性原则

会计科目的设置，应为提供有关各方所需要的会计信息服务，满足对外报告与对内管理的要求，比如“固定资产”、“实收资本”等科目提供的总括性指标基本上能满足企业外部有关方面的需要，而在“固定资产”总分类科目下按照固定资产的类别设置明细分类科目，所提供的明细核算资料，主要是为企业内部管理服务。

3. 实用性原则

企业的组织形式、所处行业、经营范围及业务种类等不同，在会计科目的设置上也应该有所区别。因此，会计科目设置应在符合合法性原则的基础上，所设置的会计科目也应符合单位自身特点，满足单位实际需要。对于会计科目的名称，在不违背会计科目使用原则的基础上，确定适合本企业的会计科目名称。

三、会计科目的分类

会计科目是相互联系、相互补充的，共同组成了一个完整的会计科目体系。为了便于掌握和运用会计科目，有必要按一定标准对会计科目进行分类。

（一） 会计科目按归属的会计要素不同分类

每个会计科目都归属于特定的会计要素。按照会计要素和经营管理的要求，《企业会计准则》中将会计科目共分为资产类、负债类、共同类、所有者权益类、成本类和损益类六大类。这六大类所反映的经济内容与会计要素具体内容的分类基本一致。

1. 资产类会计科目

资产类会计科目是指用于核算资产增减变化，提供资产类项目会计信息的会计科目，分为流动资产和非流动资产。其中流动资产又分为库存现金和银行存款、其他货币资金、原材料、交易性金融资产、应收账款和库存商品等。非流动资产又分为可供出售金融资产、持有至到期投资、长期股权投资、固定资产和无形资产和商誉等。

2. 负债类会计科目

负债类会计科目是指用于核算负债增减变化，提供负债类项目会计信息的会计科目，分为流动负债和长期负债。其中流动负债包括短期借款、应付账款、应付职工薪酬、应交税费和应付股利等。

3. 共同类会计科目

共同类会计科目包括清算资金往来和货币兑换。

4. 所有者权益类会计科目

所有者权益类会计科目是指用于核算所有者权益增减变化，提供所有者权益有关项目会计信息的会计科目。包括实收资本、资本公积、盈余公积、本年利润和利润分配等。

5. 成本类会计科目

成本类会计科目是指用于核算成本的发生和归集情况，提供成本相关会计信息的会计科目。包括生产成本、制造费用和劳务成本。

6. 损益类会计科目

损益类会计科目是指用于核算收入、费用的发生或归依，提供一定期间损益相关的会计信息的会计科目。包括主营业务收入、主营业务成本、营业税金及附加，销售费用、管理费用、财务费用，其他业务收入、其他业务支出、投资收益、营业外收入和营业外支出等。

在实际工作中，会计科目是会计制度规定的。通过设置会计科目对会计要素的具体化内容进行科学分类，可以为会计信息使用者提供科学、详细的分类会计信息。在会计核算的具体方法中，设置会计科目占有重要地位，它决定着账户的开设、报表结构设计，是正确进行会计核算的一个重要条件，也是会计核算的一种专门方法。

为了便于会计核算工作的顺利进行，尤其是适应会计电算化的要求，一般在其分类基础上编制成会计科目表，将所使用的全部会计科目列于其中，并对每一会计科目加以编号。会计科目的编号可以采用“四位数制”。以千位数数码代表会计科目按会计要素区分，一般分为五个数码：“1”为资产类、“2”为负债类、“3”为共同类、“4”为所有者权益类、“5”为成本类、“6”为损益类；百位数数码代表每一大类会计科目下较为详细的类别，可根据实际需要取数；十位和个位上的数码一般代表会计科目的顺序号，为了便于会计科目增减，在顺序号中一般留有间隔数字。

需要指出的是，企业应按照《企业会计准则》的规定，设置和使用会计科目。在不影响会计核算要求和会计报表指标汇总，以及对外提供统一的会计报表的前提下，可以根据实际情况自行增设、减少或合并某些会计科目。企业在填制会计凭证、登记账簿时，应填写会计科目的名称，或者同时填写会计科目的名称和编号，不应只填会计科目的编号，不填会计科目的名称。

（二） 会计科目按提供信息的详细程度及其统驭关系分类

会计科目按提供信息的详细程度及其统驭关系不同，一般可分为总分类科目和明细分类科目。设置总分类科目和明细分类科目的目的是方便会计的分工记账和满足管理部门对不同层次会计信息的需求。其中，总分类科目又称一级科目，明细分类科目又可分为子目（二级科目）和细目（三级科目）。

1. 一级科目

一级科目即总分类科目，也称总账科目，是对会计要素具体内容进行总括分类、总括信息的会计科目，是进行总分类核算的依据。其名称应力求文字简练、含义明确、通俗易懂，其数量和粗细程度，应根据企业规模的大小，经济业务的繁简和管理需要而定。为了保证会计信息的可比性，更好地满足各方面的需要，总分类科目由国家财政部统一制定，以会计核算制度的形式颁布实施。

2. 二级科目

二级科目即二级分类科目，也称子目，是指在一级科目的基础上，对一级科目所反映的经济内容进行较为详细分类的会计科目。例如，“利润分配”科目属于一级科目，下设的“未分配利润”“提取法定盈余公积”“应付普通股股利”等科目属于二级科目。

3. 三级科目

三级科目即明细科目，也称细目，是指在二级科目的基础上，对二级科目所反映的经济内容进一步详细分类、提供更详细更具体会计信息的科目。例如，“生产成本”总账科目提供一定时期生产成本的总体信息，在“生产成本”总账科目下分别按车间设置二级科目，按产品或劳务具体品种设置三级科目（明细科目），具体反映各种产品的生产成本情况。

会计科目按提供信息的详细程度及其统驭关系分类，有利于了解会计科目反映的具体内容，满足经营管理所需要的会计信息。明细分类科目除会计制度规定设置的以外，各单位可根据实际需要自行设置。但应当说明的是，并不是所有的一级科目都需要强调分设二级和三级科目，根据信息使用者所需不同信息的详细程度，有些只需设一级科目，有些只需设一级和二级科目，而不需要设置三级科目。

第二节 会计账户

一、账户的概念和意义

在一定的期间内，一个企业发生的经济业务种类繁多，经济业务的发生又必然会引起会计要素的增减变动。为了分门别类地核算和监督各项经济业务的发生及由此引起的会计要素增减变动，以便提供经济管理所需的核算指标，就必须设置会计账户。因为会计要素这种分类主要提供概括性的资料，它难以满足信息使用者对更详细信息的要求，为此还必须将六项会计要素再划分成各个会计科目。在会计核算体系中，设置会计科目占有重要的地位，它是会计核算的基本记账单位，决定着会计账户的开设和会计报表的项目内容等。

所谓“账户”，是指对会计要素的具体内容所作的科学的分类。账户包括两方面的内容：

（1） 账户的名称，即“会计科目”。在会计制度中，对会计科目及核算内容均有具体规定和解释。

（2） 账户的用途与结构。账户可以用来分类记录各项经济业务所引起的资产、负债和所有者权益以及收入、费用和利润的增减变动情况。

设置账户，是对会计要素的具体内容进行科学分类的一种专门的方法。例如，在企业拥有或控制的资产中，有现金、原材料、固定资产等具体项目，就必须相应地设置“库存现金”、“原材料”、“固定资产”等资产类账户；在企业的负债中，有短期借款和长期借款等具体项目，就必须相应地设置“短期借款”、“长期借款”等负债类账户；在企业的所有者权益中，有实收资本、盈余公积等具体项目，就必须相应地设置“实收资本”、“盈余公积”等所有者权益类账户。

设置和运用账户是正确运用会计核算方法的前提，是会计核算的重要方法之一。正确地设置和运用账户，把各项经济业务的发生情况，以及由此而引起的各会计要素的增减变化，系统地、分门别类地进行核算和监督，以提供各种会计信息，对于加强宏观和微观经济管理具有重要意义。

设置账户的意义在于：

（1） 通过设置账户，可以将经济业务发生的原始数据转化为初始的会计信息。企业的各项经济活动是具体的，它可以形成定量化与定性化的数据，在未经确认并按账户分类和正式记录之前，这些数据仅仅是数据而已。而把数据区分为会计信息与非会计信息是通过账户来实现的。数据一旦进入了账户，就转化为以账户为标志的会计信息，与原来的数据产生了本质的区别。

（2） 通过设置账户，可以压缩会计信息数据，确保会计信息的质量。企业各项经济活动中所反映的数据往往是零散的、单个的、缺乏有机联系的，数据难以体现价值运动的内在联系。况且，会计信息使用者要求会计提供的是连续、系统、全面的信息，而绝不是零散的、单个的、缺乏有机联系的重复数据。通过设置账户，可以将这些零散的、单个的数据根据类别形成在本质上既有联系又有区别的会计信息，从而形成会计信息的有序性与层次性。

账户和会计科目是会计学中两个密切相关的概念，两者之间既有联系又有区别。

会计科目与账户的联系是： 它们都是用来分门别类地反映会计要素的具体内容的，两者所反映的经济内容口径一致，性质相同，两者在账页中相互结合，构成了会计账簿体系。会计科目是设置账户的依据，是账户的名称；账户是会计科目的具体运用。没有会计科目，账户便失去了设置的依据；无法发挥会计科目的作用。因而在实际工作中，会计科目与账户常被作为同义语来理解，互相通用，不加严格区分。

会计科目与账户的区别在于： 首先，两者概念不同。会计科目只是对会计要素具体内容分类的标志；而账户是记录由于发生经济业务而引起的会计要素具体内容的各项目增减变化的空间场所。其次，两者的表现形式不同，会计科目仅是一个分类标志，本身没有结构，不能记录和反映经济业务的内容；而账户则有一定的结构，能记录和反映经济业务的增减变化及其结果。其三，会计科目由国家在会计制度中统一制定，而账户除规定外，企业还可以根据实际会计核算的需要自行确定。

二、账户的基本结构

账户的结构是指账户的格式。账户要记录由于经济业务发生而引起各会计要素增减变动情况，必须拥有一定格式的账页。账户的基本结构是由会计要素的数量变化情况决定的。由于经济业务发生所引起的会计要素的变动，从数量上看不外乎是增加和减少两种情况，因此，账户结构也就相应分为左方、右方两个方向，一方登记增加数，另一方登记减少数。同时，为了反映其增减变化的结果，账户还需要设置反映结余数的部分。这样，账户的基本结构由“增加栏”、“减少栏”和“余额栏”三部分构成。这一基本结构，不论企业在实际工作中所使用的账户具体格式如何，总是一样的。

当然，对于一个完整的账户而言，除了有反映增加数、减少数和余额外，还应包括其他栏目，反映其他相关内容。一般来说，一个完整的账户结构应包括下列内容：

① 账户名称（即会计科目）；

② 日期（用以记录经济业务发生的日期）；

③ 凭证编号（表明账户记录所依据的凭证）；

④ 经济业务摘要（概括说明经济业务的内容）；

⑤ 增加额、减少额（说明经济业务的数量）；

⑥ 余额（包括期初余额和期末余额）。

账户的左方和右方分别记录增加额或减少额，增减相抵后的差额即为余额，因此，每个账户一般有四个金额要素，即期初余额、本期增加发生额、本期减少发生额和期末余额。本期增加发生额（本期减少发生额）是指在一定的会计期间内，在账户的左方或右方登记的实际增加发生额（减少额）；本期期末余额是指会计账户在会计期末的实际结存数，本期的期末余额转入下一会计期间，即为下一会计期间的期初余额。每个账户的本期发生额反映的是该类经济业务在本期内变动的情况，而余额则反映变动的结果。会计账户中的四项金额要素的基本关系可以用下列等式表示：

期末余额 = 期初余额 + 本期增加发生额 - 本期减少发生额

账户的左右两方是按相反方向来记录增加额和减少额的。如果账户左方记录增加额，则在账户右方记录减少额；反之，如果在账户右方记录增加额，则在账户左方记录减少额。在每一个具体账户的左右两方中，究竟哪一方记录增加额，哪一方记录减少额，取决于所采用的记账方法和账户所记录的经济业务内容。账户的余额一般与账户记录增加额在同一方向。

三、账户的分类

科学地进行账户分类有助于对账户进行管理。按不同的标准对账户分类，可以从不同的角度认识账户，并把全部账户划分为各种类别。

其分类标准一般有按账户的经济内容分类，按账户的用途和结构分类，等等。下面分别予以说明：

（一） 按账户的经济内容分类

账户的经济内容是账户分类的基础。账户按经济内容的分类是账户最基本的一种分类方法。账户的经济内容是指账户所反映的会计对象的具体内容，也就是会计要素。前已述及，会计要素包括资产、负债、所有者权益、收入、费用和利润。因此，从理论上讲，账户按经济内容也相应地分为六类，但为了核算上的方便，我国《企业会计准则》中规定的会计账户按照资产、负债、所有者权益、成本和损益五大类来设置。

1. 资产类账户

资产类账户包括库存现金、银行存款、应收账款、其他应收款、原材料、交易性金融资产、长期股权投资、固定资产和无形资产等。

2. 负债类账户

负债类账户包括短期借款、应付账款、长期借款和长期应付款等。

3. 所有者权益类账户

所有者权益类账户包括实收资本、盈余公积、资本公积、本年利润和利润分配等。

4. 成本类账户

成本类账户包括生产成本、制造费用和劳务成本等。

5. 损益类账户

损益类账户包括主营业务收入、其他业务收入、投资收益、营业外收入、销售费用、财务费用和管理费用等。

（二） 按账户的用途和结构分类

账户按其用途结构分类是在账户按会计要素内容分类的基础上，对用途和结构基本相同的账户进行的分类。账户的用途是指通过账户记录能够提供什么核算资料；账户的结构是指在账户中如何取得各种所需的核算资料，即账户的借方、贷方应登记什么，怎样进行登记，余额反映什么内容。账户用途和结构，可以使我们明确各个账户不同的使用方法和具体作用，提高会计核算工作的质量。

账户按用途和结构一般划分为盘存账户、资本账户、结算账户、集合分配账户、收入账户、成本计算账户、费用账户、调整账户、计价对比账户和财务成果账户等十类。

1. 盘存账户

盘存账户是用来核算和监督各项账户物资和货币资金增减变动及其实有数额的账户。这类账户的借方反映各项财产物资和货币资金的增加，贷方反映各项财产物资和货币资金的减少，余额在借方，反映各项财产物资和货币资金的结存。

属于盘存账户的有“原材料”“库存现金”“银行存款”“固定资产”等，这类账户均可以通过财产清查的方法，检查实存的财产物资及其在经营管理上存在的问题。这类账户除了货币资金账户外，其实物明细账均可提供实物和货币两种指标。

2. 资本账户

资本账户是指用来核算和监督企业从所有者取得的投资、增收的资本以及从内部形成的积累增减变化及其实有数的账户。这类账户的借方反映各项投资和积累的减少，贷方反映各项投资和积累的增加，余额在贷方，反映各项投资和积累的结存。

3. 结算账户

结算账户是用来反映和监督企业与其他单位或个人之间债权（应收款项或预付款项）、债务（应付款项或预收款项）结算情况的账户。由于结算业务的性质不同，决定了不同结算账户具有不同的用途和结构。因此，结算账户按其用途和结构的不同，又可以分为债权结算账户、债务结算账户和债权债务结算账户三类。

（1） 债权结算账户。又称资产结算账户，是用来核算和监督企业与各单位或个人之间的债权结算业务的账户，这类账户的结构是： 借方登记债权的增加数，贷方登记债权的减少数，期末余额一般是在借方，表示期末尚未收回债权的实有数。属于资产结算账户的有“应收账款”“预付账款”“其他应收款”等。

（2） 债务结算账户。又称负债结算账户，是用来核算和监督企业与其他单位或个人之间的债务结算业务的账户。这类账户的结构是： 贷方登记债务的增加数，借方登记债务的减少数，期末余额一般在贷方，表示期末尚未偿还的债务的实有数。属于负债结算账户的有“短期借款”“应付账款”“预收账款”“其他应付款”“应交税费”“应付股利”“应付职工薪酬”等。

（3） 债权债务结算账户。亦称资产负债结算账户或往来结算账户。顾名思义，这类账户既反映债权结算业务，又反映债务结算业务，是双重性质的结算账户。这类账户的结构是： 借方登记债权（应收款项和预付款项）的增加额和债务（应付款项和预收款项）的减少额；贷方登记债务的增加额和债权的减少额，期末账户余额可能在借方，也可能在贷方。期末账户余额如在借方，表示尚未收回的债权净额，即尚未收回的债权大于尚未偿付的债务的差额；如在贷方，表示尚未偿付的债务净额，即尚未偿付的债务大于尚未收回的债权的差额。该账户所属明细账的借方余额之和与贷方余额之和的差额，应当与总账的余额相等。

如果企业预收款项的业务不多，可以不单设“预收账款”账户，而用“应收账款”账户替代，此时的“应收账款”账户就是一个债权债务结算账户；如果企业预付款的业务不多，可以不单设“预付账款”账户，而用“应付账款”账户替代，此时的“应付账款”账户也是一个债权债务结算账户。 债权债务结算账户可以集中反映企业与某一个单位的债权债务结算情况，但会导致账户名称与其反映的业务内容不相一致的情况，不便于对账户的理解和运用，如“应收账款”账户反映预收款项业务。

4. 集合分配账户

集合分配账户是用来汇集企业在一定期间内某种收入或支出，并如期结转该项收入或支出的账户。该类账户按照其汇集的性质和经济内容，又可以划分为收入集合分配账户和费用（支出）集合分配账户两类。

（1） 收入集合分配账户。它是用来汇集和分配结转企业在经营过程中从事某种经济活动或其他活动所取得的收入的账户。这类账户的贷方反映某种收入的汇集，借方反映该项收入的减少或转销，汇集的收入经转销后，账户无余额。属于收入集合分配账户的有“主营业务收入”、“其他业务收入”、“投资收益”、“营业外收入”等。

（2） 费用（支出）集合汇转账户。它是用来汇集和分配结转企业在经营过程中从事某种经济活动或其他活动所发生的某种费用或支出，以反映该项费用的发生及其分配情况的账户。这类账户的借方反映某种费用或支出汇集，贷方反映该项费用的分配结转，汇集的费用（支出）经分配结转后，账户无余额。属于费用（支出）集合汇转账户的有“销售费用”、“主营业务成本”、“财务费用”、“管理费用”等。

5. 收入账户

收入账户是用来核算和监督企业一定会计期间内取得的各种收入的账户。收入具有广义和狭义之分。此处的收入是广义，即不仅包括营业收入（主营业务收入和其他业务收入），还包括投资收益和营业外收入。这类账户的结构是，贷方登记本期收入的增加数；借方登记本期收入减少数和期末转入“本年利润”账户的收入数。期末结转后该类账户应无余额。

6. 成本计算账户

成本计算账户是用来核算和监督企业在生产经营过程中某一经营阶段所发生的全部费用，并借以确定该过程各成本计算对象实际成本的账户。这类账户的借方登记应计入某成本对象的全部费用，表示费用的发生；贷方登记已完成的某阶段经营活动的成本；余额在借方，反映尚未结束的某经营阶段的实际成本。属于成本计算账户的有“材料采购”、“生产成本”等。这类账户除设置总分类核算外，还应按各个成本计算对象分别设置明细分类账进行明细核算，提供有关成本计算对象的货币指标和实物指标。

7. 费用账户

费用账户是用来核算和监督企业一定时期内发生的，应计入当期损益的各项费用的账户。费用有广义和狭义之分，此处的费用是广义的，即不仅包括为取得产品销售收入及经营管理而发生的各种耗费，也包括营业外支出和所得税费用。这类账户的结构是： 借方登记本期费用支出的增加数；贷方登记本期费用支出的减少数或期末转入“本年利润”账户的费用数。结转后该账户应无余额。属于费用账户的有“主营业务成本”、“其他业务成本”、“营业税金及附加”、“销售费用”、“管理费用”、“财务费用”、“营业外支出”和“所得税费用”等账户。

8. 调整账户

调整账户是用于调整某个账户（被调整账户）的余额，用以表明被调整账户的实际余额而设置的账户。调整账户按调整的方式可分为备抵账户、附加账户和备抵附加账户。

（1） 备抵账户。亦称抵减账户。它是用来抵减被调整账户的余额，以求得被调整账户实际余额的账户。其调整方式，可用下列计算公式表示：

被调整账户余额－调整账户余额＝被调整账户实际余额

抵减账户的余额一定与被调整账户的余额方向相反，如果被调整账户的余额在借方，抵减账户的余额一定在贷方。

备抵账户，按照被调整账户的性质，又可分为资产备抵账户和权益备抵账户两类。

① 资产备抵账户。它是用来抵减某一资产账户（被调整账户）余额，以求得该资产账户实际余额的账户。例如，“累计折旧”账户是“固定资产”这个资产账户的备抵账户。属于资产备抵账户的还有“坏账准备”账户，它是“应收账款”的备抵账户。

② 权益备抵账户。它是用来抵减某一权益账户（被调整账户）的余额，以求得该权益账户实际余额的账户。例如，“利润分配”账户就是“本年利润”账户的备抵账户。“本年利润”的期末贷方余额，反映期末已实现利润数；“利润分配”账户的借方余额，反映本期已分配的利润数。用“本年利润”账户的贷方余额减去“利润分配”账户的借方余额，其差额表示企业期末尚未分配的利润数。

（2）附加账户。它是用来增加被调整账户的余额，以求得被调整账户实际余额的账户。其调整方式可用下列计算公式表示：

被调整账户余额＋附加账户余额＝被调整账户实际余额

附加账户的余额一定要与被调整账户的余额方向一致，上述公式才能成立。如果被调整账户的余额在借方，附加账户的余额也一定在借方；如果被调整账户的余额在贷方，附加账户的余额也一定在贷方。实际工作中，纯粹的附加账户很少使用。

（3） 备抵附加账户。它是依据调整账户的余额方向不同，用来抵减被调整账户余额，或者用来附加被调整账户余额，以求得被调整账户实际余额的账户。当调整账户的余额与被调整账户的余额方向相反时，该类账户起抵减账户的作用，其调整方式与备抵账户相同；当调整账户的余额与被调整账户的余额方向一致时，该类账户起附加账户的作用，其调整方式与附加账户相同之处。制造业企业采用计划成本进行材料的日常核算时，所设置的“材料成本差异”账户就属于备抵附加账户。

在采用计划成本计价进行材料核算的企业，“材料成本差异”账户是用来登记材料实际成本与计划成本的差额的账户，材料实际成本大于计划成本的差额（超支差异）记入“材料成本差异”账户的借方，材料实际成本小于计划成本的差额（节约差异）记入“材料成本差异”账户的贷方。月末会计报表时，需将“原材料”账户反映的计划成本调整为实际成本。这时，“材料成本差异”账户的期末余额若在借方，它与“原材料”账户的期末借方余额同方向，两者相加即可得到原材料的实际成本，此时的“材料成本差异”具有附加性质；反之，“材料成本差异”账户的期末余额若在贷方，它与“原材料”账户期末借方余额方向相反，两者相减即可得原材料的实际成本，此时的“材料成本差异”账户具有备抵性质。

9. 计价对比账户

计价对比账户是用来核算经营过程中某一阶段某项经济业务按照两种不同的计价标准进行对比，借以确定其业务成果的账户。

按计划成本进行材料日常核算的企业所设置的“材料采购”账户，就属于计价对比账户。该账户的借方登记材料的实际成本，贷方登记按照计划价格核算的材料的计划成本，通过借贷双方两种计价对比，可以确定材料采购业务成果。计价对比账户的结构（以“材料采购”账户为例）。

这类账户的特点是：借贷两方的计价标准不一致；期末确定业务成果转出后，该账户的借方余额是剔除了计价差异后的按借方计价方式计价的资产价格。例如，“材料采购”账户的借方余额表示按实际成本计价的在途材料实际采购成本。

10. 财务成果账户

财务成果账户是用来计算并反映一定期间企业全部经营活动的最终成果并确定企业利润或亏损数的账户。这类账户的借方登记汇总某一会计期间内各项成本费用支出的转入额（包括主营业务成本、营业税金及附加、其他业务成本、管理费用、销售费用、财务费用、营业外支出和所得税费用等），贷方登记汇总某一会计期间内各项收入收益的转入额（包括主营业务收入、其他业务收入、投资收益、营业外收入和补贴收入等），期末如为借方余额，表示费用大于收入的差额，为企业当年累计发生的净亏损总额；期末如为贷方余额，表示收入大于费用的差额，为企业当年累计实现的净利润总额。属于财务成果账户的主要是“本年利润”，这类账户只反映企业一年财务成果的形成，平时的余额为本年的累计利润净额或亏损总额，年终必须将该账户的余额转入“利润分配－未分配利润”账户，结转后无余额。

第四章 复式记账

第一节 复式记账的原理

一、记账方法概述

记账方法是指对客观发生的会计事项在有关账户中进行记录时所采用的方法。采用不同方法反映会计要素的变动，形成不同的记账方法。记账方法随着会计的产生和发展，经历了一个从单式记账到复式记账的逐渐完善的过程，会计核算中最早采用的是单式记账法，复式记账法是随着市场经济的发展在单式记账法的基础上逐步演变而成的。

（一） 单式记账法

单式记账法是指对发生的经济业务只在一个账户中进行记录的记账方法。例如，用银行存款 5 000 元购买材料这样一笔经济业务发生后，在单式记账法下表现为： 只在“银行存款”账户上记录现金减少 5 000 元，并不需要同时在“原材料”账户上记录材料增加 5 000 元，这种记账结果不能反映现金减少的原因。采用单式记账法，记账手续简单，易学易懂，在选择单方面记账时，重点考虑的是现金、银行存款以及债权债务方面的经济业务，主要设置“库存现金”、“银行存款”“应收账款”“应付账款”等账户，没有一套完整的账户体系，无法通过记账来全面反映经济业务的来龙去脉，各账户记录之间没有直接的联系，不能形成相互对应的关系，不便于检查账户记录的正确性。因此，单式记账未能被认为是一种比较简单但不十分科学的记账方法，只能在商品经济不发达，经济业务十分简单的情况下采用。

（二） 复式记账法

复式记账法是指对发生的每一项经济业务，都要以相等的金额，同时在两个或两个以上相互联系的账户中进行登记的一种记账方法。例如，上述以银行存款5 000元购买材料这样一笔经济业务发生后，在复式记账法下表现为： 在“银行存款”账户上记录现金减少5 000元，同时在“原材料”账户中登记原材料增加5 000元。“银行存款”账户与“原材料”账户形成对应关系，说明现金减少的原因是由于购买了原材料；而原材料资金占用的增加来源于现金的减少。与单式记账法相比，复式记账法能够全面地、系统地反映经济业务来龙去脉，是一种比较科学的记账方法。复式记账法的产生，是人类会计史上跨越时代的进步。著名的德国诗人歌德曾称颂复式记账法“是人类智慧的一种绝妙的创造，从而使每一个精明的商人在他的经济事业中都应用它”。

二、复式记账原理

（一） 复式记账的理论依据

复式记账的理论依据是会计恒等式，企业在经济活动中发生的各项经济业务，将会引起资产、负债所有者权益三个要素的增减变化，但无论怎么变化，都不会改变会计恒等式的平衡关系。根据会计等式的平衡原理，当经济业务发生变化时所涉及的会计要素至少有两方面，用相应的账户来表示这些会计要素，在记录经济业务时在相应的账户上作双重登记，这种双重登记就是复式记账。复式记账是以会计恒等式为依据所设计的一种记账方法，它从会计等式开始，中间的增减变动可能千变万化，但最终仍然以会计等式平衡而结束。

（二） 复式记账法的特点

与单式记账法相比，复式记账法有以下主要特点：

（1） 在两个或两个以上相互联系的账户中记录一项经济业务，能反映资金运动的来龙去脉。

运用复式记账，对每一项经济业务，都必须在两个或两个以上相互联系的账户中进行双重记录。这样不仅可以反映每一项经济业务涉及的资金运动的来龙去脉，而且可以将某一会计期间发生的全部经济业务作为一个有机整体在整个账户体系中进行反映，通过账户记录，全面地、系统地了解资金运动的过程和结果。

（2） 以相等的金额记入对应账户，便于检查账户记录的正确性。

复式记账法下，账户之间的关系不是孤立的，每项经济业务发生时，都要以相等的金额进行记录，可以利用账户之间的相互依存关系进行试算平衡以检查账户记录的正确性。

（三） 复式记账法的种类

复式记账法使得会计记录成为科学的经济活动记录，会计核算得以形成连续性、系统性和综合性的特点，是世界公认的科学记账方法，被广泛采用。复式记账法按其采用的记账符号和记账规则的不同，包括以下三种具体方法：

（1） 收付记账法。

（2） 增减记账法。

（3） 借贷记账法。

其中，增减记账法和收付记账法在记账规则、试算平衡等方面，均不如借贷记账法科学、严密。因此，我国于 1992 年颁布的《企业会计准则》规定，从 1993 年 7 月 1 日起，我国境内外的所有企业一律采用借贷记账法，2001 年实施的《企业会计制度》对这种记账方法再次给予确认。

第二节 借贷记账法及其运用

一、借贷记账法的产生和发展

借贷记账法是以“借”“贷”两个字为记账符号，对任何一笔经济业务都必须以借贷相等的金额在相互联系的两个或两个以上的有关账户中进行登记的一种复式记账方法。它是复式记账法应用最为广泛的一种方法。

借贷记账法起源于 13 世纪的意大利，最早出现在佛罗伦萨银行的账簿中，当时，意大利沿海城市的商品经济特别是海上贸易已有很大的发展，在商品交换中，为了适应商业资本和借贷资本经营者的管理需要，逐渐形成的一种记账方法。“借”“贷”二字的含义，最初是从借贷资本家，即银行的角度来解释的。对于银行收进的款项记在贷主名下，即债权人名下，指明贷这一笔款项的主人是谁。表示“我应给他”，即“我欠人”的债务；而将银行付出的款项记在借主名下，即债务人名下，指明借这一笔款项的主人是谁，表示“他应给我”，即“人欠我”的债权。此时的“借”“贷”二字表示债权债务的变化，这也是“借”“贷”二字最初的含义。

随着商品经济的不断发展，经济活动的内容日益复杂，记录经济业务已不局限于货币资金的借贷业务，而逐渐扩展到财产物资、经营损益等非货币资金借贷业务，借贷记账法逐渐从金融业推广应用于工商业及其他行业。“借”“贷”两个符号的登记内容也逐渐扩大，不再局限于登记债权、债务增减业务，而是逐渐扩展到登记财产物资及其经营损益等内容的增减变动业务。这样“借”“贷”二字逐渐脱离了原来的字面含义，变成了纯粹的记账符号，成为会计上的专门术语。作为纯粹记账符号的“借”和“贷”，应当理解为账户上两个对立的方向。“借”“贷”二字所代表的准确的经济内容，只有联系账户的具体性质才能确定。

二、借贷记账法的账户结构

借贷记账法以“借”“贷”作为记账符号，在借贷记账法下，所有账户都设置“借方”和“贷方”，分别反映账户金额的增减变动。账户的左方为借方，右方为贷方，但借方和贷方既可以登记增加金额，又可以登记减少金额，具体哪方登记增加金额，哪方登记减少金额，则取决于账户所核算的经济内容和账户的性质。

下面分别说明借贷记账法下资产类、负债类、所有者权益类、成本类和损益类账户的基本结构。

（一） 资产类账户的结构

资产类账户的结构表现为： 借方登记资产的增加额，贷方登记资产的减少额。在一个会计期间内，借方记录的合计数称为本期借方发生额。贷方记录的合计数称为本期贷方发生额，每一会计期间终了（即期末）将本期借方发生额与本期贷方发生额进行比较，其差额加上期初的借方余额称为期末余额。资产类账户的期末余额一般在借方，期末余额将转入下期，成为下一个会计期间的期初余额。

依据资产类账户的结构，其每一账户提供的 4 个会计指标之间的关系可用公式表示如下：

期初借方余额 + 本期借方发生额合计 - 本期贷方发生额合计 = 期末借方余额

（二） 负债和所有者权益类账户的结构

根据“资产 = 负债 + 所有者权益”这一会计等式，资产要素列在等式的左边，负债和所有者权益要素列等式右边，左右两边永远相等。为保证会计账户的记录不破坏会计等式的平衡关系，负债和所有者权益类账户的结构应该与资产类账户的结构相反，即表现为： 贷方登记负债和所有者权益的增加额，借方登记负债和所有者权益的减少额。每一会计期间终了（即期末）将借方发生额与贷方发生额进行比较，其差额加上期初的贷方余额称为期末余额。负债和所有者权益类账户的期末余额一般在贷方，期末余额将转入下期，成为下一个会计期间的期初余额。

依据负债和所有者权益类账户的结构，其每一账户提供的四个会计指标之间的关系可用公式表示如下：

期初贷方余额 + 本期贷方发生额合计 - 本期借方发生额合计 = 期末贷方余额

（三） 成本类账户的结构

企业在生产过程中形成产品成本，产品生产完工后转化为产成品，所以，成本的实质是一种资产。成本类账户的结构应该与资产类账户的结构相同，即表现为： 借方登记成本的增加额，贷方登记成本的减少额（即转销额），期末余额一般在借方，表示在产品的成本。

成本类账户提供的四个会计指标之间的关系与资产类账户相同，即

期初借方余额 + 本期借方发生额合计 - 本期贷方发生额合计 = 期末借方余额

（四） 损益类账户的结构

损益类账户按其反映的具体内容不同，可分为反映各项收入的账户和反映各项费用的账户。企业在生产经营过程中，取得各种收入，同时也必然会发生各种费用。企业取得的收入和发生的费用最终都会导致所有者权益发生变化，收入增加可视为所有者权益增加，费用增加可视同所有者权益减少。从理论上讲，取得了一项收入，可以直接

在有关所有者权益账户贷方登记； 发生一项费用，可直接在有关所有者权益账户的借方登记。但实际工作中，由于我们需要核算每个会计期间的收入与费用的数额，并确定一定会计期间的经营成果，因此，有必要将收入和费用作为两个独立的要素予以核算，进而需要独立地设置收入和费用两类账户。根据“资产 = 负债 + 所有者权益 + 收入 - 费用”这一会计等式，收入类账户的结构应与所有者权益类账户的结构相似，即表现为： 收入增加记贷方，收入减少记借方；而费用类账户的结构应与所有者权益类账户的结构相反，即表现为： 费用的增加记借方，费用的减少记贷方。收入类账户余额期末转入“本年利润”账户的贷方，费用类账户余额期末转入“本年利润”账户的借方，结转后收入类账户和费用类账户一般无余额。

综上所述，不同性质的账户，“借”、“贷”二字所代表的经济内容不同，其中，“借方”代表资产、成本和费用的增加，负债、所有者权益和收入的减少或转销；“贷方”代表资产、成本和费用的减少或转销，负债、所有者权益和收入的增加。各类账户的期末余额与记录其增加的一方相同，即资产类账户的期末余额一般在借方，而负债和所有者权益类账户的期末余额一般在贷方。这是借贷记账法区别于其他复式记账法的一个重要标志。

三、借贷记账法的记账规则

借贷记账法的记账规则是“有借必有贷，借贷必相等”。这一记账规则的具体含义是： 对于任何一项经济业务在采用借贷记账法记账时，在记入一个账户的借方的同时，必然记入另一个（或几个）账户的贷方；反之，在记入一个账户的贷方的同时，必然记入另一个（或几个）账户的借方。记入借方账户的金额与记入贷方的金额必然相等。根据会计恒等式，经济业务无论怎样复杂，均可概括为以下四种类型：

（1） 资产与所有者权益（或负债）同时增加，总额增加。

（2） 资产与所有者权益（或负债）同时减少，总额减少。

（3） 资产内部有增有减，总额不变。

（4） 所有者权益、负债有增有减，总额不变。

在实际运用借贷记账法的记账规则登记每一项经济业务时，一般应按下列 3 个步骤进行：

第一步，分析经济业务的内容，确定它所涉及的账户是哪些具体账户，并进一步分析这些账户属于哪一类账户。

第二步，分析经济业务所引起的各个会计要素是增加还是减少。

第三步，根据账户结构的具体内容确定哪些账户应记入借方，哪些账户应记入贷方，以及应记入各账户的具体金额。

下面举例说明借贷记账法的运用。

例 4-1 公司接受某单位投资 100 000 元，款项存入银行。

这项经济业务的发生涉及资产类账户中的“银行存款”和所有者权益类账户的“实收资本”。一方面款项存入银行，使得作为公司资产的银行存款增加 100 000 元，由于资产类账户增加记借方，应记入“银行存款”账户的借方；另一方面接受外来投资，使得所有者权益中的实收资本增加 100 000 元，所有者权益类账户增加记贷方，应记入“实收资本”账户的贷方。

例 4-2　公司从中国银行取得一项期限为三年的长期借款 300 000 元。

这一经济业务使得公司作为资产的银行存款增加 300 000 元；同时使得作为负债的长期借款 300 000 元。由于资产类账户增加记借方，负债类账户增加记贷方应记入“银行存款”账户借方和“长期借款”贷方。

例 4-3 公司从银行提取现金 5 000 元备用。

这一经济业务使得公司作为资产的现金增加 5 000 元；同时使得作为资产的银行存款减少 5000 元。由于资产类账户增加记借方，减少记贷方，应记入“库存现金”借方和“银行存款”贷方。

例 4-4 公司购入原材料一批，价值 20 000 元（不考虑增值税），货款暂欠。

这一经济业务使得公司作为资产的原材料增加 20 000 元；同时使得作为负债的应付账款增加 20 000 元。由于资产类账户增加记借方，负债类账户增加记贷方，所以应记入“原材料”借方和“应付账款”贷方。

例 4-5 公司银行存款偿还前欠供货单位的货款 50 000 元。

这一经济业务使得公司作为负债的应付账款减少 50 000 元；同时使得作为资产的银行存款减少 50 000 元。由于负债类账户减少记借方，资产类账户减少记贷方，所以应记入“应付账款”借方和“银行存款”贷方。

例 4-6　公司以现金 3 000 元，直接用于支付销售商品的运杂费。

这一经济业务使得公司作为资产的现金减少 3 000 元；同时引起销售费用增加 3 000 元。由于资产类账户减少记贷方，费用类账户增加记借方，所以应记入“销售费用”借方和“库存现金”贷方。

例 4-7　公司生产甲产品 1000 件，每件生产成本 80 元，现已全部完工，结转完工产品成本。

这一经济业务使得公司作为资产的库存商品增加 80 000 元；同时引起生产成本减少 80 000 元。由于资产类账户增加记借方，成本类账户减少记贷方，所以应记入“库存商品”借方和“生产成本”贷方。

例 4-8　公司销售产品一批，货款 40 000 元存入银行（不考虑增值税）。

这一经济业务使得公司作为资产的银行存款增加 40 000 元；同时引起主营业务收入增加 40 000 元。由于资产类账户增加记借方，收入类账户增加记贷方，所以应记入“银行存款”借方和“主营业务收入”贷方。

例 4-9　公司用银行存款 38 000 元交纳税金 30 000 元和向投资者分配利润 8 000 元。

这一经济业务涉及资产类账户中的“银行存款”、负债类账户中的“应交税费”和“应付股利”。一方面公司付出银行存款 38 000 元，使得作为资产的银行存款减少；另一方面交纳税金和分配利润，使得负债中的应交税金减少 30 000 元，应付股利减少 8 000 元。由于资产类账户减少记贷方，负债类账户减少记借方应记入“应交税费”和“应付股利”借方记入“银行存款”贷方。

四、借贷记账法的运用

编制会计分录

1. 账户的对应关系和对应账户

为了正确的编制会计记录，我们还必须了解账户的对应关系和对应账户的概念。在借贷记账法下，当经济业务发生后，必须在两个或两个以上相互联系的账户中同时进行登记，即在某个（或某些）账户中记入借方（或贷方），就必须同时记入相关账户的贷方（或借方）。这种由经济业务发生而形成的借方账户与贷方账户之间的相互依存关系，称为账户的对应关系。具有对应关系的账户，称为对应账户。如例 4-2“公司从中国银行取得一项期限为三年的长期借款 300 000 元”这一经济业务，“银行存款”账户与“长期借款”账户之间存在着对应关系，这两个账户就是互为对应账户。又如例 4-9“公司用银行存款 38 000 元交纳税金 30 000 元和向投资者分配利润 8 000 元”这一经济业务账户的对应关系相对比较复杂，“银行存款”与“应交税费”、“应付股利”账户之间存在对应关系，“银行存款”的对应账户有两个，即“应交税费”、“应付股利”两个账户，而“应交税费”、“应付股利”两个账户的对应账户都是“银行存款”，但必须注意，在此例中，“应交税费”与“应付股利”两个账户之间不存在对应关系。通过账户的对应关系，我们可以了解经济业务发生所引起的资金运动的来龙去脉。

2. 会计分录的编制

编制会计分录是会计工作的初始工作，编制会计分录，就意味着对经济业务做会计确认，为经济业务数据记入账户提供依据。

为了保证会计核算资料的正确性，当经济业务发生后，在记入账户以前，我们必须先根据经济业务的具体内容确定所涉及的账户名称，应借、应贷的方向和金额。在实际工作中，这项工作通常是通过编制记账凭证来完成的。为了方便教学，我们往往不是真正编制记账凭证，而是通过编制会计分录来代替。会计分录就是按照借贷记账法记账规则的要求，确定某项经济业务应借、应贷账户名称、方向及其金额的记录。每一笔会计分录都要包括三个要素： 会计账户、记账符号和发生金额。会计分录基本格式如下：

借： ×××（账户名称） ×××（金额）

贷： ×××（账户名称） ×××（金额）

上述借贷记账法下会计分录的书写格式规则可表述为：“借方在前，贷方在后，借方偏左，贷方偏右。”“即先写借方的会计科目并偏左排列，前面冠以“借”字，借方的金额也偏左；然后在写贷方科目并偏右排列，前面冠以“贷”字，贷方金额也偏右，每个会计科目占一行，借方与贷方错位表示，以便醒目，清晰。

现以例 4-1 至例 4-9 发生的经济业务为例来说明会计分录的编制方法。

例 4-10 资料见前例 4-1 至例 4-9。

（1） 借： 银行存款 100 000

贷：　实收资本 100 000

（2）　借：　银行存款 300 000

贷：　长期借款 300 000

（3）　借：　库存现金 5 000

贷：　银行存款 5 000

（4）　借：　原材料 20 000

贷：　应付账款 20 000

（5）　借：　应付账款 50 000

贷：　银行存款 50 000

（6）　借：　销售费用 3 000

贷：　库存现金 3 000

（7）　借：　库存商品 80 000

贷：　生产成本 80 000

（8）　借：　银行存款 40 000

贷：　主营业务收入 40 000

（9）　借：　应交税费 30 000

应付股利 8 000

贷：　银行存款 38 000

从上述会计分录中可以看出，会计分录有两种类型：一种是简单会计分录，即一个账户借方只同一个账户贷方发生对应关系的会计分录，它反映的账户对应关系，借方和贷方各只有一个账户，如例 4-10 中的第（1）至第（8）笔分录；另一种是复合会计分录，即一个账户借方同几个账户贷方发生对应关系或一个账户贷方同几个账户借方发生对应关系的会计分录，它所反映的账户对应关系，借方或贷方只有一个账户，而贷方或借方则有两个或两个以上的账户，涉及两个以上账户的对应关系，即一借多贷或一贷多借，如例4-10中的第（9）笔分录。

一般情况下，复合会计分录均可分解为多个简单会计分录。如例4-10中的第（9）笔分录可以分解为两笔简单会计分录。

（1） 借： 应交税费 30 000

贷： 银行存款 30 000

（2） 借： 应付股利 8 000

贷： 银行存款 8 000

从上述分析可以看出，复合会计分录实际上是由几个简单会计分录组合而成的，但通过复合会计分录，可以集中核算某项经济业务的全部情况，简化核算手续。为了保持账户的对应关系，一般不宜把不同类型的经济业务合并在一起编制多借多贷的会计分录。在实际工作中，会计分录是通过记账凭证的编制来完成的。

（二） 借贷记账法的试算平衡

根据借贷记账法“有借必有贷，借贷必相等”的记账规则，对于每项经济业务，借与贷之间都存在平衡关系。因此，当一定会计期间全部经济业务的会计分录都记入相关账户后，所有账户的借方发生额合计数与贷方发生额合计数必然相等；全部账户的期末借方余额的合计数与期末贷方余额的合计数也必然相等。借贷记账法的试算平衡就是根据“资产＝负债＋所有者权益”的平衡公式，按照借贷记账法记账规则的要求，通过汇总计算和比较，来核查账户记录是否正确与完整的一种方法。

借贷记账法的试算平衡关系包括发生额平衡和余额平衡两种，具体可用公式表示如下：

（1） 发生额试算平衡。对于会计期内发生的全部经济业务，按照“有借必有贷，借贷必相等”的记账规则登记入账，其结果必然是各账户的借方发生额合计等于各账户的贷方发生额合计，用公式表示为：

全部账户的本期借方发生额合计 = 全部账户的本期贷方发生额合计

（2） 余额试算平衡。由于资产账户余额在借方，负债及所有者权益类账户的余额在贷方，所以，由会计恒等式可以直接得到本期所有账户的借方余额合计与贷方余额合计的恒等关系，根据余额时间不同，可分为期初余额平衡与期末余额平衡两类。期初余额平衡是期初所有账户借方余额合计与贷方余额合计相等，期末余额平衡是期末所有账户借方余额合计与贷方余额合计相等，用公式表示为：

全部账户的借方期初余额合计 = 全部账户的贷方期初余额合计

全部账户的借方期末余额合计 = 全部账户的贷方期末余额合计

在会计实务中，试算平衡通常是在每一会计期间终了，把全部经济业务登记入账，并结出各个账户的本期发生额合计和期末余额，再通过编制试算平衡表的方法来验证当期发生额与余额是否平衡。

下面举例说明借贷记账法下的试算平衡表的格式及编制方法。

可知，全部账户的本期借方发生额合计数与全部账户本期贷方发生额合计数相等；全部账户期初借方余额合计数与期初贷方余额合计数、期末借方余额合计数与期末贷方余额合计数相等，说明上述各账户的记录基本正确。

在编制试算平衡表时，应注意以下几点：

（1） 必须保证所有账户的余额均已记入试算表，因为会计等式是对六项会计要素整体而言的，缺少任何一个账户的余额，都会造成期初或期末借方余额合计与贷方余额合计不相等。

（2） 若试算结果不平衡，则说明会计循环的某个步骤存在错误。应认真查找，直到实现平衡为止，发生错误的可能原因概括起来主要有：

① 记账凭证上的会计分录出现错误，如分录中的借贷方金额不平衡。

② 记账过程中出现错误，如借贷方金额中的某一方遗漏或重复记账，或者借贷方向颠倒。

③ 账户余额合计时出现错误。

④ 试算平衡表本身出现错误，如贷方金额抄错、某些账户被遗漏等。

（3） 即使试算平衡表借贷方平衡，也不能完全说明会计账务处理完全正确。当某些错误的账务处理不影响借贷双方的平衡时，试算平衡的方法将无法检查其错误的发生。例如：

① 漏记某项经济业务，将使本期借贷双方的发生额等额减少，

借贷仍然平衡；

② 重复记某项经济业务，将使本期借贷双方的发生额等额需增，借贷仍然平衡；

③ 某项经济业务记错有关账户，借贷仍然平衡；

④ 某项经济业务在账户中，颠倒了记账方向，借贷仍然平衡；

⑤ 借方或贷方发生额中，偶然发生多记少记并相互抵消，借贷仍然平衡。

因此在编制试算平衡表之前，应认真核对有关账户记录，以消除上述错误。

五、借贷记账法的优点

通过上述介绍，可以看出借贷记账法有以下优点：

（1） 账户对应关系清楚。借贷记账法通过会计分录，能够清楚地反映每一项经济业务的来龙去脉，账户和它的对应关系一目了然。

（2） 试算平衡简便。借贷记账法根据“有借必有贷，借贷必相等”的记账规则处理经济业务，全部账户的借方发生额合计与全部账户贷方发生额合计以及全部账户借方余额合计与全部账户贷方余额合计必然相等，这使得日常核算记录的汇总和检查十分简便。

（3） 设置账户比较灵活。在借贷记账法下可以设置一些既反映资产又反映负债的双重性质的账户，如“应付账款”和“预付账款”等，这类账户在实务中可以方便地反映企业在结算中的债权债务关系。

第三节 总分类账与明细分类账的核算

一、总分类账户和明细分类账户的设置

在会计核算工作中，根据经济管理工作的需要，一切经济业务都要通过有关账户来进行核算。既要提供总括的核算资料，又要提供明细的核算资料，也就是需要同时设置总分类账户和明细分类账户。总分类账户提供总括核算资料，明细分类账户提供明细核算资料，前者是后者的综合，后者对前者起着辅助和补充作用。总账和明细账两者反映的经济内容相同，登记账簿的原始依据也相同，它们所不同的是反映经济业务详细程度和所起的作用。

（一） 总分类账户

总分类账户，简称“总账账户”或“总账”，也称“一级账户”，是指根据总分类科目设置的，用于对会计要素具体内容进行总括分类核算的账户。为了保持会计信息的一致性、可比性，目前总分类账户一般根据国家统一的会计制度的有关规定设置。总分类账户根据不同的标准，可以有不同的分类。根据账户所反映的经济内容，通常可将其分为资产类账户、负债类账户、所有者权益类账户、成本类账户和损益类账户五类。

按总分类账户进行的总括核算，称为“总分类核算”。例如，“原材料”账户就是总分类账户，它核算企业库存原材料的实际成本或者计划成本，在进行总分类核算时，首先要取得有关全部材料的总括资料，如期初、期末结存的全部材料共有多少，在一定时期内材料因采购增加了多少，因生产耗用又减少了多少，等等。根据“原材料”账户的总分类核算，可以了解材料资金的周转情况和周转过程，对于加强经营管理有很大的作用。

（二）明细分类账户

明细分类账户是根据明细分类科目设置的，用来对会计要素的具体内容进行明细分类核算的账户，简称“明细账”。它按明细科目设置，是总分类账户的详细补充和说明。明细分类账户也可再分为二级账户和三级账户等。实际工作中，将总账账户称为一级账户，总账以下的账户称为明细分类账户。

例如，企业设置“原材料”一级账户，掌握了全部原材料的资金变动情况。但是，企业仅仅了解全部原材料的增、减、结存情况和资金周转情况，对于切实管好材料，充分满足管理生产的需要，还是不够的。在一般情况下，企业生产经营需用的材料种类繁多，从全部材料的总括资料看不出各种材料的详细资料，因此要对原材料进行更好的管理。必须在“原材料”下设“原料”、“主要材料”等二级账户，在“原料”等二级账户下再分设“甲原料”、“乙原料”等三级账户等。又如，企业设置“应收账款”一级账户，通过这个总分类账户可以了解企业应收账款的总额以及客户在一定时期内总体偿还应收账款的情况。但无法了解应收账款的具体组成，不便于应收账款的回收管理，因此，需要在“应收账款”一级账户下按客户设置明细分类账户，来进一步反映企业与各个客户之间的结算情况，为有效管理应收账款提供详细的信息。

需要注意的是，明细分类账户并非设置越细越好，而要以既满足管理需要，又简化核算为原则。

（三） 总分类账户与明细分类账户的关系

总分类账户是所属明细分类账户的综合，对所属明细分类账户具有统驭控制作用；明细分类账户是有关总分类账户的具体化，是总分类账户的从属账户或辅助账户，对有关的总分类账户起着补充说明的作用。总分类账户与其所属明细分类账户在总金额上应当相等。

二、总分类账户和明细分类账户的平行登记

总分类账户和明细分类账户所反映的对象是相同的，登记时的原始依据也是相同的，他们所提供的资料互相补充。因此，应用平行登记的方法来登记总分类账户和明细分类账户。

所谓平行登记，是指对所发生的每项经济业务，都要以会计凭证为依据，一方面记入有关总分类账户，另一方面记入有关总分类账户所属明细分类账户的方法。平行登记既可以满足管理上对总括会计信息和详细会计信息的需求，又可以检验账户记录的完整性和正确性。其要点主要包括以下四个方面：

（1） 依据相同。对发生的经济业务，都要以相关的会计凭证为依据，既登记有关总分类账户，又登记其所属明细分类账户。

（2） 方向相同。将经济业务记入总分类账和明细分类账时，记账方向必须相同。即总分类账户记入借方，明细分类账户也记入借方；总分类账户记入贷方，明细分类账户也记入贷方。

（3） 期间相同。对每项经济业务在记入总分类账户和明细分类账户过程中，可以有先有后，但必须在同一会计期间全部登记入账。

（4） 金额相等。记入总分类账户的金额，应与记入其所属明细分类账户的金额合计相等。这里包括以下含义： 总分类账户本期发生额与其所属明细分类账户本期发生额之合计相等；总分类账户期末余额与其所属明细分类账户期末余额之合计相等。

例 4-11 某企业 2007 年 6 月 1 日“原材料”账户账面余额 150 000 元，“应付账款”账户账面余额 30 000 元。

该企业 2007 年 6 月份发生以下经济业务（为简化，本例不考虑有关税收的因素）：

（1） 3 日，向 A 公司购入甲材料 1 000 千克，每千克 20 元，货款以银行存款支付。

这一经济业务涉及资产类账户中的“原材料”和“银行存款”。一方面公司付出银行存款 20 000 元，使得作为资产的银行存款减少；另一方面原材料增加 20 000 元。由于资产类账户增加记借方，减少记贷方，会计分录为：

借： 原材料——甲材料 20 000

贷： 银行存款 20 000

（2） 8 日，向 B 公司购入乙材料 600 千克，每千克 50 元，货款尚未支付支付。

这一经济业务涉及资产类账户中的“原材料”和负债类账户“应付账款”。一方面公司资产中的原材料增加 30 000 元；另一方面公司负债应付账款增加 30 000 元。由于资产类账户增加记借方，负债类账户增加记贷方，会计分录为：

借：原材料——乙材料 30 000

贷：应付账款——B 公司 30 000

（3） 15 日，本月仓库发出甲材料 3 000 千克，每千克 20 元，计 60 000 元；发出乙材料 800 千克，每千克 50 元，计 40 000 元。发出材料合计 100 000 元，均用于产品生产。

这一经济业务涉及资产类账户中的“原材料”和成本类账户“生产成本”。一方面公司资产中的原材料减少 100 000 元；另一方面公司生产成本增加 100 000 元。由于成本类账户增加记借方，资产类账户减少记贷方，会计分录为：

借：生产成本 100 000

贷：原材料——甲材料 60 000

乙材料 40 000

（4） 25 日，以银行存款偿还 A 公司货款 15 000 元，偿还 B 公司货款 20 000 元，合计 35 000 元。

这一经济业务涉及资产类账户中的“银行存款”和负债类账户“应付账款”。一方面公司资产中的银行存款减少 35 000 元；另一方面公司负债应付账款减少 35 000 元。由于资产类账户减少记贷方，负债类账户减少记借方，会计分录为：

借：应付账款——A 公司 15 000

B 公司 20 000

贷：　银行存款 35 000

将上述期初余额及本月发生额记入有关总分类账户及其明细分类账户。

由上述可以看出，有关总分类账户及其明细分类账户实现了“依据相同、方向相同、期间相同、金额相等”的平行登记要求。

第五章　企业经济业务核算

第一节　企业生产经营过程和主要经济业务

企业的生产经营活动，大致可以分为以下五个生产经营过程：为了从事产品的生产与经营，首先要通过一定的渠道筹集资金，资金主要表现为货币资金形态；然后将筹集的资金购建厂房，购买机器设备及各种材料物资，为企业生产经营活动准备生产要素，以上过程也可以称为生产要素的准备过程，这时筹集的资金由货币资金形态转化为固定资金和储备资金形态；准备好生产要素后，劳动者对生产要素进行整合，即运用机器、设备和材料物资进行产品生产，使得资金从固定资金、储备资金和货币资金形态转化为生产资金形态；随着产品制造完工并验收入库，资金从生产资金形态变为成品资金形态，企业销售产品，收回货币资金，这时，资金又从成品资金形态回到货币资金形态；实现销售后，产品销售取得的收入补偿生产经营活动中发生的全部费用后即为企业的经营成果（利润或亏损），实现的利润在交纳所得税后在投资者和企业之间进行分配，通过分配，一部分资金退出企业，一部分资金又重新投入生产周转。至此，企业的一个生产经营过程暂告结束，然后，企业又从货币资金开始进入下一个循环过程。

因此，按照企业生产经营过程，企业的经济业务可以分为筹资业务、采购业务、生产业务、销售业务和利润及其分配业务五种主要经济业务。

第二节 资金筹集的核算

企业从事生产经营活动，以拥有和控制与生产经营规模相适应的资金为前提。对于任何一个企业，其资金按其最初形成的渠道有两种： 一是投资者投入资本，形成所有者权益；二是向债权人借入资金，形成企业的负债。

一、投入资本的核算

投入资本是投资者以各种方式实际投入企业的财产物资的货币表现，是企业所有者权益的主要组成部分，包括所有者权益中的实收资本和资本公积。

（一） 实收资本的核算

1. 实收资本的含义及分类

实收资本是指投资者按照企业章程或者合同、协议的约定，实际投入企业的资本。它是企业注册登记的法定资本总额的来源，它表明所有者对企业基本产权关系。我国有关法律规定，投资者设立企业首先必须投入资本。

企业的实收资本按投资主体的不同，可分为国家投入资本、法人投入资本、个人投入资本和外商投入资本。国家投入资本是企业接受国家投资形成的资本金；法人投入资本是企业接受其他单位投资形成的资本金；个人投入资本是企业接受包括本企业职工在内的个人投资形成的资本金；外商投入资本是企业接受外国及港、澳、台地区的单位和个人投资形成的资本金。企业的实收资本按接受投入资本的物质形态不同，可分为货币资产投资、实物资产投资、有价证券投资和无形资产投资等。

2. 账户设置

为了反映和监督企业实收资本的增减变动情况，股份有限公司应设置“股本”账户，其他各类企业应设置“实收资本”账户。该账户属于所有者权益类账户，贷方登记实收资本的增加数额，借方登记实收资本的减少数额，期末余额在贷方，反映企业期末实收资本的实有数额。为了反映企业各所有者投资在企业所有者权益中的构成及变动情况，账户还必须按所有者设置明细账户，进行明细分类核算。由于“股本”账户与“实收资本”账户核算方法基本相同，本书以“实收资本”账户为例说明投入资本的核算。

3. 实收资本的核算举例

例 5-1 企业收到投资者投资 350 000 元，款项存入银行。

这项经济业务的发生，一方面使企业资产中的银行存款增加了 350 000 元，应记入“银行存款”账户的借方，另一方面使所有者权益中的投入资本增加了 350 000 元，表现为所有者权益增加，应记入“实收资本”账户的贷方。会计分录如下：

借： 银行存款 350 000

贷： 实收资本 350 000

例 5-2 企业收到宏发公司投入的一批原材料，其评估确认价值为 200 000 元。

这项经济业务，一方面使企业资产中的原材料增加了 200 000 元，应记入“原材料”账户的借方，另一方面宏发公司对企业资产的要求权相应增加，表现为所有者权益中的投入资本增加了 200 000 元，应记入“实收资本”账户的贷方。会计分录如下：

借： 原材料 200 000

贷： 实收资本 200 000

例 5-3 企业收到 A 公司投入的全新生产设备一套，价值为 150 000 元。

这项经济业务，一方面使企业资产中的固定资产增加了 150 000 元，应记入“固定资产”账户的借方，另一方面 A 公司对企业资产的要求权相应增加，表现为所有者权益中的投入资本增加了 150 000

元，应记入“实收资本”账户的贷方。会计分录如下：

借：固定资产 150 000

　　贷：实收资本 150 000

例 5-4 某公司以专利技术对企业进行投资，经评估机构评估并协商同意后，该项技术作价为 60 000 元。

这项经济业务，一方面使企业资产中的无形资产增加了 60 000 元，应记入“无形资产”账户的借方，另一方面使所有者权益中的投入资本增加了 60 000 元，应记入“实收资本”账户的贷方。会计分录如下：

借：无形资产 60 000

　　贷：实收资本 60 000

（二）资本公积的核算

1. 资本公积的含义及形成来源

资本公积是指投资者或者他人投入企业，所有权归属于投资者，并且投入金额超过法定资本部分的资金。从形成来源上看，资本公积不是由企业实现的利润转化而来的，从本质上讲，应属于投入资本范畴。资本公积是一种准资本或资本的储备形式，主要用于转增资本或股本。资本公积形成的来源主要包括资本或股本溢价、接受现金捐赠、拨款转入和其他资本公积等。

2. 账户设置

为了反映企业资本公积的增减变动及其结存情况，企业应设置“资本公积”账户。该账户属于所有者权益类账户，贷方登记各种来源资本公积的增加额，借方登记资本公积的减少额，期末余额在贷方，表示期末资本公积的实有数额。该账户应按资本公积的来源渠道设置“资本溢价”、“接受现金捐赠”、“拨款转入”和“其他资本公积”等明细账户，进行明细分类核算。

3. 资本公积的核算举例

例 5-5 企业接受华侨捐赠的现金 50 000 元，存入银行。

这项经济业务，一方面使企业资产中的银行存款增加了 50 000 元，应记入“银行存款”账户的借方，另一方面所有者权益中的资本公积相应增加了 50 000 元，应记入“资本公积”账户的贷方，会计分录如下：

借： 银行存款 50 000

贷： 资本公积——接受现金捐赠 50 000

例 5-6 经投资者决议，工商部门批准，企业将资本公积 200 000 元转增资本。

这项经济业务，使企业所有者权益内部构成项目“实收资本”增加，“资本公积”减少，应分别记入“实收资本”账户的贷方和“资本公积”账户的借方，会计分录如下：

借： 资本公积 200 000

贷： 实收资本 200 000

二、借入资金的核算

企业在生产经营过程中，为了满足生产经营资金的需要，可以向银行或其他金融机构等借入资金，也可以在购买商品、接受劳务的过程中向其他单位赊购，从而形成企业与银行等金融机构、其他单位的债务关系，以弥补经营资金的不足。对企业与其他单位的债务关系，将在以后相关章节讲述，本节主要阐述银行借款的核算。企业向银行等金融机构借入的款项，按偿还期限的长短分为短期借款和长期借款。

（一） 短期借款的核算

1. 短期借款的含义

短期借款是指企业向银行或其他金融机构等借入的偿还期限在一年以内（含一年）的各种借款。短期借款一般是企业为维持正常生产经营所需资金或为偿还某项债务而借入的款项。无论借入款项的来源如何，企业均需要向债权人按期偿还借款的本金和利息。

2. 账户设置

为了及时反映企业向银行或其他金融机构等借入的偿还期限在一年以内的各种借款的增减变动及其结存情况，应设置“短期借款”账户。该账户属于负债类账户，贷方登记取得的短期借款的本金数额，借方登记偿还的短期借款本金数额，期末余额在贷方，表示尚未归还的短期借款本金数额。该账户应按债权人设置明细账，并按借款种类进行明细分类核算。

3. 短期借款的核算举例

例 5-7 企业因生产经营需要，向工商银行借入期限 9 个月，年利率 5% 的借款 500 000 元，存入银行。

这项经济业务，一方面使企业资产中的银行存款增加了 500 000 元，应记入“银行存款”账户的借方，另一方面使企业负债中的短期借款增加了 500 000 元，就记入“短期借款”账户的贷方。会计分录如下：

借：银行存款 500 000

贷：短期借款——工商银行 500 000

（二）长期借款的核算

1. 长期借款的含义

长期借款是指企业向银行或其他金融机构借入的偿还期限在一年以上（不含一年）的各种借款。长期借款一般是企业为购置固定资产、改扩建工程、大修理工程、对外投资以及为了保持长期经营能力等借入的款项。它是企业长期负债的重要组成部分，必须加强管理与核算。

2. 账户设置

为反映企业向银行或其他金融机构借入的偿还期限在一年以上的各种借款的增减变动及其结存情况，应设置“长期借款”账户。该账户属于负债类账户，贷方登记取得的长期借款的本金和计提的利息，借方登记偿还的长期借款的本金和利息，期末余额在贷方，表示尚未偿还的长期借款的本金和利息。该账户应按照贷款单位和借款种类设置明细账，进行明细分类核算。

3. 长期借款的核算举例

例 5-8 企业因厂房扩建需要，向中国银行借入 3 年期、年利率 6% 的款项 1 000 000 元，到期一次性还本付息，款项已存入银行。这项经济业务，一方面使企业资产中的银行存款增加了 1 000 000

元，应记入“银行存款”账户的借方，另一方面使企业负债中的长期负债增加了 1 000 000 元，应记入“长期借款”账户的贷方。会计分录如下：

借：银行存款 1 000 000

贷：长期借款——中国银行 1 000 000

企业从银行借入的短期借款和长期借款，都应支付利息。短期借款利息一般采用按季结算的方法，借款利息支出较大的企业，可采用按月预提的方式计入各月财务费用；借款利息支出较小的企业，按季结算，于季末一次支付时计入财务费用。长期借款的利息可分期支付，也可一次支付，具体支付方式根据贷款合同确定。有关借款利息的核算在后续章节中讲述。

第三节 生产要素准备阶段的核算

企业筹集到资金后，为了进行产品的生产，必须准备各项生产要素，包括购建厂房、购置机器设备和进行物资材料的采购等，这是企业进行正常生产经营活动的重要条件。因此，计算固定资产的价值和原材料采购成本、原材料的验收入库、与供应商形成结算债务等就构成生产要素准备阶段核算的主要内容。

一、固定资产购置业务的核算

（一） 固定资产的定义

固定资产是指同时具有以下特征的有形资产： ①为生产商品、提供劳务、出租或经营管理而持有的；②使用期限超过 1 年；③单位价值较高。这一定义可以看出，作为企业的固定资产应具备以下四个特征：

（1） 企业持有固定资产的目的是生产商品、提供劳务、出租或经营管理的需要，而不像库存商品一样为了对外出售。这一特征是固定资产区别于库存商品等流动资产的重要标志。

（2） 企业使用固定资产的期限较长，使用年限一般超过 1 年。这一特征表明企业固定资产的收益期超过 1 年，能在 1 年以上的时间里为企业创造经济效益，说明企业为购建固定资产所发生的支出，属于资本性支出而非收益性支出。

（3） 企业的固定资产单位价值较高，在会计实务中，企业固定资产单位价值的确认标准，可由企业根据不同固定资产的性质和消耗方式，结合本企业的经营管理特点具体确定。

（4） 固定资产具有实物形态，这一特征是固定资产区别于无形资产的主要标志。

（二） 固定资产的价值确认

企业固定资产应以实际成本入账。固定资产的实际成本是指为使固定资产达到预定可使用状态所发生的必要的、合理的支出。其具体的构成内容因固定资产来源不同而有差异。其中，外购固定资产的实际成本包括固定资产买价、运输装卸费、包装费、保险费、安装费等;自建固定资产的实际成本包括工程达到预定可使用状态前发生的材料费、施工费、应交纳的税金、利息支出和其他费用。

（三） 账户设置

企业核算与固定资产相关的业务应设置以下账户。

1.“固定资产”账户

该账户属资产类账户，用来核算企业各种固定资产的原值。其借方登记购买和建造完工的固定资产原始价值，贷方登记企业减少的固定资产原始价值，期末余额在借方，反映企业期末固定资产的账面原价。企业应设置“固定资产登记簿”和“固定资产卡片”，按固定资产类别、使用部门和每项固定资产设置明细账，进行明细分类核算。

2.“在建工程”账户

该账户属资产类账户，用来核算企业进行建造工程、安装工程、技术改造工程等发生的实际支出，包括需要安装设备的价值。该科目借方登记企业各项在建工程的实际支出，贷方登记完工工程转出的实际支出，期末余额在借方，反映企业期末尚未完工工程的实际成本。该账户应按工程项目设置明细账，进行明细分类核算。

（四） 固定资产购置业务的总分类核算

一般而言，外部购入固定资产是企业固定资产增加的主要渠道，包括购入不需要安装的固定资产和购入需要安装的固定资产，下面分别进行介绍:

1. 购入不需要安装的固定资产

购入不需要安装的固定资产，是指购入就交付使用，无须安装即可达到预定可使用状态。固定资产应按实际支付的买价、相关税费、运杂费、保险费等作为原价入账。如果是国外进口的固定资产，包括按规定支付的关税。

例 5-9 企业用银行存款购入一台不需要安装的生产设备，已交付生产车间使用。该设备买价 210 000 元，增值税 35 700 元，保险费、包装费、运输费 8 500 元，全部款项以银行存款支付。

这项经济业务，使企业资产项目内部发生增减变动，一方面企业资产中的固定资产增加了 254 200 元，应记入“固定资产”账户的借方，另一方面企业资产中的银行存款减少了 254 200 元，应记入“银行存款”账户的贷方。会计分录如下：

借：固定资产——机器设备 21 8500

应交税费 - 应交增值税（进项税额）35 700

贷：银行存款 254 200

2. 购入需要安装的固定资产

购入需要安装的固定资产，是指购入后需经过安装才能达到预定可使用状态。购入需要安装的固定资产，从购入到交付使用需要有一个过程，而且在该过程中会陆续发生各种费用，即安装成本。在会计核算中，企业购入固定资产时发生的各项实际支出及安装成本，应先通过“在建工程”账户归集，安装完毕交付使用时，再由“在建工程”账户转入“固定资产”账户。

例 5-10 承例 5-9，假设购入的生产设备需要安装，设备安装过程中领用材料 1 000 元，以现金支付安装费用 2 500 元。安装工程完工后交付车间使用。

这项经济业务发生，一方面使公司资产中的在建工程增加，将购入的需安装的生产设备的价值记入“在建工程”账户的借方，另一方面使企业资产中的银行存款减少，记入“银行存款”的贷方，购入设备时，会计分录如下：

借：在建工程——设备安装工程 218 500

应交税费 - 应交增值税（进项税额）35 700

贷：银行存款 254 200

安装工程中发生的各种费用，使工程成本增加，即企业的资产增加，应记入“在建工程”账户借方，支付安装费用和领用材料，使现金、原材料减少，应分别记入“库存现金”账户和“原材料”账户的贷方。会计分录如下：

借：在建工程——设备安装工程 3 500

贷：库存现金 2 500

原材料 1 000

工程完工后交付车间使用，这项经济业务的发生，使企业资产中的固定资产增加了 257 700 元，记入“固定资产”的借方，资产中的在建工程成本 257 700 元全部结转到固定资产，记入“在建工程”的贷方。会计分录如下：

借：固定资产 222 000

贷：在建工程——设备安装工程 222 000

二、材料采购业务的核算

为了保证产品生产的正常进行，企业需要用筹集的资金采购生产产品所需要的各种材料物资，在材料物资采购过程中，企业要核算和监督材料物资的买价和采购费用，确定采购成本以及与供货单位发生货款结算关系等。

（一）材料采购成本的构成

原材料采购成本的构成内容如下：

（1）买价。是指购货发票上注明的采购价格。

（2）采购费用。是指采购材料过程中发生的应计入材料采购成本的合理费用，包括采购过程中发生的运输费、包装费、装卸费、仓储费、运输途中的合理损耗、材料入库前的挑选整理费和应计入材料采购成本的税金。

材料采购过程中发生的应计入材料采购成本的采购费用，能够分清归属对象的，可直接计入各种材料的采购成本；对一次性购入多种材料而不能分清归属对象的采购费用，可根据购入材料的特点，以各种材料的质量、体积、买价等为分配标准，采用一定的分配方法，分别计入各种材料的采购成本。

需要说明的是，材料验收入库后发生的费用，以及采购人员的工资、差旅费和采购部门的经费不能计入材料采购成本，应计入期间费用。

（二） 账户设置

为了加强对材料采购过程的核算和管理，正确计算物资采购成本，反映和监督材料的增减变动及结存情况，核算与供应商发生的货款结算关系及所产生的增值税，需要设置以下账户：

1.“材料采购”账户

该账户属于资产类账户，用来核算企业购入各种材料的买价和采购费用，计算确定材料的采购成本。其借方登记外购材料的买价和采购费用，贷方登记已验收入库，结转至“原材料”账户的材料采购成本，期末借方余额，表示尚未运抵企业或虽已运抵企业但尚未验收入库的在途物资的实际成本。该账户应按材料物资的品种类别设置明细账，进行明细分类核算。

对物资采购成本的核算，还应特别注意的是： 采用实际成本进行原材料收发核算的企业，应设置“在途物资”账户，核算期末尚未运抵或虽已运抵企业但尚未验收入库的原材料的实际成本，借方登记企业购入的在途物资的实际成本，贷方登记验收入库的在途物资的实际成本，期末余额在借方，反映企业在途物资的实际成本，本科目应按供应单位设置明细账。

2.“原材料”账户

该账户属于资产类账户，用来核算企业库存的各种材料收入、发出和结存情况。其借方登记已验收入库的各种材料的成本，贷方登记发出的各种材料的成本，期末余额在借方反映期末库存材料的成本。该账户应按材料的类别、品种、规格、存放地点等设置明细账，进行明细分类核算。

3.“应付账款”账户

该账户属于负债类账户，用来核算企业因采购材料、接受劳务供应等而与供应商发生的结算债务的增减变动及其结存情况。其贷方登记企业购买材料、商品和接受劳务等而发生的应付给供应商的款项，借方登记已偿还供应商的款项，期末余额一般在贷方，表示尚未偿还的应付账款的结余额。该账户应按供应商的名称设置明细账，进行明细分类核算。

4.“应付票据”账户

该账户用来核算企业购买材料、商品和接受劳务供应等而开出、承兑的商业汇票，包括商业承兑汇票和银行承兑汇票。

商业汇票是收款人或付款人签发，由承兑人（付款人）承兑，并于到期日向收款人或被背书人支付款项的证明。由收款人签发，经付款人承兑，或由付款人签发并承兑的商业汇票叫商业承兑汇票；由收款人或承兑申请人签发，并由承兑申请人向开户银行申请，经银行审查同意承兑的商业汇票叫银行承兑汇票。

该账户属于负债类账户，其贷方登记企业因购买材料等而开出承兑的商业汇票和用承兑的商业汇票抵付应付账款，借方登记到期实际支付的票据款或到期不能支付票款时转入应付账款，期末余额一般在贷方，表示尚未到期的应付票据款。企业应设置“应付票据备查簿”，详细登记每一应付票据的种类号数、签发日期、到期日期、票面金额、收款人姓名或名称及付款日期等内容。

5.“预付账款”账户

该账户属于资产类账户，用来核算企业按照合同规定向供应商预付货款而与供应商发生的结算债权的增减变动及其结存情况。其借方登记按合同规定预付给供应商或补付的款项，贷方登记核销的预付款或退回多付的货款，期末如为借方余额，反映企业已预付尚未结算的预付款，期末如为贷方余额，反映企业尚未补付的货款。该账户应按供应商的名称设置明细账，进行明细分类核算。

6.“应交税费”账户

该账户属于负债类账户，用来核算企业按税法规定应交纳的增值税、消费税、营业税、企业所得税等税金的预提和交纳情况。贷方登记按税法规定计提的应交未交的税金，借方登记实际交纳的税金，期末贷方余额表示期末应交未交税金，期末借方余额表示多交的税金。该账户应按税种设置明细账，进行明细分类核算。其中“应交税费——应交增值税”账户是用来核算和监督企业应交和实交增值税结算情况的账户，借方登记企业购入原材料时实际交纳的进项税额，贷方登记企业销售商品时向购货单位收取的销项税额。

需要注意的是，增值税是价外税。购买材料和销售产品的价格均不应包括增值税金。若发票上所列价格为含税价，需将含税价格转化为不含税价格。

（三） 材料采购业务的核算

例5-11 企业从力源有限责任公司购入下列材料： 甲材料2 000千克，单价15元，增值税税率17%，价税款合计35 100元，已通过银行支付。

这项经济业务，一方面购入原材料使得企业资产增加，应按买价记入“材料采购”账户的借方，购入材料支付的增值税，在一般纳税人企业可以抵扣，应记入“应交税费——应交增值税”账户借方的“进项税额”，另一方面以银行存款支付的货款及增值税，应记入“银行存款”账户的贷方。会计分录如下：

借：材料采购——甲材料 30 000

应交税费——应交增值税（进项税额） 5 100

贷：银行存款 35 100

例 5-12 企业从广发公司购入下列材料：乙材料 6 000 千克，单价 10 元；丙材料 3 000 千克，单价 20 元，增值税税率 17%，款项尚未支付。同时用银行存款支付乙、丙两种材料的运杂费 9 000 元（运费不考虑增值税）。

首先计算确定材料的采购成本，凡是能分清为采购哪种材料所发生的费用，应直接计入该种材料的采购成本，凡是不能分清为哪种材料所发生的费用，如同时运输两种以上材料的运输费用，应采用合理的分配标准分配计入各种材料的采购成本之中。分配标准有材料的重量、体积和买价等。本题对乙、丙两种材料共同负担的运杂费，按材料质量进行分配。

分配率 =9 000÷（6 000+3 000）=1（元 / 千克）

乙材料应负担的采购费用 =6 000×1=6 000（元）

丙材料应负担的采购费用 =3 000×1=3 000（元）

乙材料采购成本 =6 000×10+6 000=66 000（元）

丙材料采购成本 =3 000×20+3 000=63 000

增值税进项税额 =（6 000×10+3 000×20）×17%=20 400（元）

这项经济业务，一方面使材料的采购支出增加了 129 000 元，其中乙材料的买价 60 000 元，运杂费 6 000 元，丙材料的买价 60 000 元，运杂费 3 000 元，分材料明细记入“材料采购”的借方；增值税进项税额 20 400 元，记入“应交税费 —— 应交增值税（进项税额）”的借方。另一方面，企业用银行存款支付运杂费 9 000 元，记入“银行存款”的贷方，应付未付的材料买价及增值税进项税额 140 400 元，记入应付账款的贷方。会计分录如下：

借： 材料采购——乙材料 66 000

——丙材料 63 000

应交税费——应交增值税（进项税额） 20 400

贷： 银行存款 9 000

应付账款——广发公司 140 400

例 5-13 承例 5-12，企业从广发公司购入的乙、丙材料运抵仓库，并已验收入库，结转其采购成本。

这项经济业务，一方面材料验收入库，分明细记入“原材料”账户的借方，另一方面结转材料采购成本，分明细记入“材料采购”账户的贷方，会计分录如下：

借： 原材料——乙材料 66 000

——丙材料 63 000

贷：材料采购——乙材料 66 000

——丙材料 63 000

例 5-14 承前例，企业开出一张转账支票，支付欠广发公司购买材料的货款 140 400 元。

这项经济业务，一方面使欠广发公司的应付账款减少，应记入“应付账款”账户借方，另一方面企业资产中的银行存款相应减少，记入“银行存款”账户贷方。会计分录如下：

借：应付账款——广发公司 140 400

贷：银行存款 140 400

例 5-15 企业从顺达公司购入甲材料 5 000 千克，单价 10 元，增值税税率 17%，采用商业汇票方式结算，企业开出一张期限为 5 个月的商业承兑汇票。

这项经济业务，一方面材料采购使得企业资产增加，应记入“材料采购”账户的借方，按税法规定，购入材料支付的增值税，在一般纳税人企业可以抵扣，应记入“应交税费——应交增值税”账户借方的“进项税额”，另一方面企业开出商业承兑汇票，使得负债增加，应记入“应付票据”账户的贷方。会计分录如下：

借：材料采购——甲材料 50 000

应交税费——应交增值税（进项税额） 8 500

贷：应付票据 58 500

待 5 个月后企业承兑到期的商业汇票时，编制会计分录如下：

借：应付票据 58 500

贷：银行存款 58 500

例 5-16 企业按与天力公司签订的合同规定，通过银行预付给天力公司购买乙材料货款 20 000 元。

这项经济业务，一方面预付的货款使企业的资产增加，应记入“预付账款”账户的借方，另一方面也使资产中的银行存款减少，应记入“银行存款”账户的贷方。会计分录如下：

借：预付账款——天力公司 20 000

贷：银行存款 20 000

例 5-17 承例 5-15，企业收到天力公司运来的乙材料，增值税专用发票载明乙材料 2 000 千克，单价 15 元，价款 30 000 元，增值税 5 100 元。

这项经济业务，一方面材料采购使得企业资产增加，应记入“材料采购”账户的借方，购入材料支付的增值税，应记入“应交税费应交增值税”账户借方的“进项税额”，另一方面由于购买乙材料采用的是预付货款方式，收到材料时应按实际应付金额 35 100 元记入“预付账款”账户的贷方。会计分录如下：

借：原材料——乙材料 30 000

应交税费——应交增值税（进项税额） 5 100

贷：预付账款——天力公司 35 100

例 5-18 承例 5-15，企业以银行存款补付欠天力公司乙材料的货款。

这项经济业务，一方面补付货款应记入“预付账款”的借方，另一方面补付货款使得企业资产中的银行存款减少，记入“银行存款”的贷方。会计分录如下：

借：预付账款——天力公司 15 100

贷：银行存款 15 100

第四节 生产要素整合阶段的核算

制造企业从材料投入生产到产品完工入库这一过程称为生产过程，产品生产过程同时也是生产要素的整合过程。在这一过程中，既有劳动资料的耗费，又有劳动对象的耗费；既是物化劳动和活劳动的消耗过程，又是价值的创造过程。

一、生产要素整合阶段核算的主要内容

在生产要素整合阶段，一方面劳动者借助于劳动资料对劳动对象进行加工，制造出满足社会需要的各种产品；另一方面在生产产品时必然发生各种耗费，包括原材料等劳动对象的耗费、机器设备等劳动手段的耗费和人工等劳动力的耗费以及其他有关的各项支出等。这些耗费与支出构成了企业的费用。

（一） 费用的内容及分类

为了正确地进行成本和费用的核算，必须对各种费用进行合理的分类，费用按照是否构成产品成本可分为生产成本和期间费用。

1. 生产成本

生产成本主要是指与生产产品有关的费用，是以产品为成本对象归集的费用，这类费用在企业生产过程中，有的直接为产品所消耗，有的与管理和组织生产直接相关，因此，需要进一步划分为直接材料、直接人工和制造费用等产品成本项目，其中直接材料、直接人工统称为直接费用，制造费用称为间接费用。各成本项目的具体内容分述如下：

（1） 直接材料，是指直接用于产品生产，并构成产品实体的原材料及主要材料、外购半成品、修理备用件、包装物、有助于产品形成的辅助材料以及其他直接材料。

（2） 直接人工，是指直接从事产品生产的工人工资以及按生产工人工资总额和规定比例计算提取的职工福利费。

（3） 制造费用，是指企业各个生产单位（如生产车间）为组织和管理生产而发生的各项间接费用，包括生产车间管理人员的工资和福利费、生产车间固定资产折旧费、修理费、办公费、水电费、物料消耗、劳动保护费、季节性和修理期间的停工损失等。

2. 期间费用

期间费用是指企业生产经营过程中发生的与特定产品生产没有直接关系，不能直接归属于某种产品成本，而应计入当期损益的各种费用，包括管理费用、销售费用和财务费用。其具体内容分述如下：

（1） 管理费用，是指企业行政管理部门为组织和管理生产经营活动所发生的各项管理费用。包括企业的董事会和行政管理部门在企业的经营管理中发生的，或者应由企业统一负担的公司经费（包括直接在企业行政管理部门发生的职工工资及福利费、差旅费、办公费、折旧费、修理费、物料消耗、低值易耗品摊销等）、工会经费、待业保险费、劳动保险费、董事会费、聘请中介机构费、咨询费（含顾问费）、诉讼费、业务招待费、房产税、土地使用税、印花税、技术转让费、矿产资源补偿费、无形资产摊销、职工教育经费、研究与开发费、排污费、存货盘盈和盘亏（不包括应计入营业外支出的存货损失）。

（2） 销售费用，是指企业在销售商品过程中发生的各项费用，包括包装费、运输费、装卸费、保险费、广告费、展览费以及为销售本企业商品而专设的销售机构（含销售网点和售后服务网点等）的职工工资及福利费、类似工资性质的费用、业务费等经营费用。

（3） 财务费用，是指企业为筹集生产经营所需资金而发生的各项费用，包括应当作为期间费用的利息支出（减利息收入）、汇兑损失（减汇兑收益）和支付给金融机构的手续费等。

以上所述的工业企业在生产过程中各项费用的发生、归集和分配，产品成本的形成和结转，共同构成企业生产要素整合阶段核算的主要内容。

二、账户设置

为了正确核算和监督生产要素整合阶段企业各项费用的发生情况，计算确定产品成本和期间费用，在生产过程中应设置“生产成本”、“制造费用”、“应付职工薪酬”、“累计折旧”、“管理费用”、“库存商品”等账户。

（一）“生产成本”账户

“生产成本”账户属于成本类账户，用来核算企业在产品生产过程中发生的能直接归属于特定成本计算对象的直接材料、直接人工等直接费用。其借方登记产品生产过程中发生的直接材料费用、直接人工费用和分配的制造费用，贷方登记转出完工入库产成品的实际生产成本，期末余额在借方，表示尚未完工的在产品生产成本。为了具体核算每一成本计算对象的生产成本，该账户应该按产品品种或类别设置明细账，进行明细分类核算。

（二）“制造费用”账户

“制造费用”账户属于成本类账户，用来归集企业为组织和管理产品生产而发生的各项间接费用。其借方登记实际发生的各项间接费用，贷方登记分配转入“生产成本”借方，由各种产品负担的各项间接费用，期末分配结转后一般无余额。为了具体核算制造费用的发生情况，该账户应按生产车间设置明细账，进行明细分类核算。

（三）“应付职工薪酬”账户

“应付职工薪酬”账户属于负债类账户，用来核算企业应付未付给全部职工的薪酬总额。包括总额内的各种工资、奖金、福利、津贴，提取的社会保险、住房公积金，发生的职工福利费等，不论是否在本月支付，都通过本账户核算。该账户借方登记企业实际支付给职工的薪酬数额，贷方登记应分配的薪酬总额，月末余额，反映已分配和实际发放职工薪酬之间的差额，若为借方余额，表示企业多付给职工的薪酬，若为贷方余额，表示应付未付的薪酬。

（四）“累计折旧”账户

“累计折旧”账户属于资产类账户，也是“固定资产”账户的备抵账户，用来核算固定资产由于使用、磨损等原因而减少的价值。固定资产在使用过程中虽然其实物形态保持不变，但其价值会因使用、磨损、技术进步等原因而不断减少，逐渐地、部分地转移到成本费用中。固定资产在生产过程中，由于损耗而转移到成本费用中去的那部分价值称为折旧，折旧的货币表现称为折旧费。“固定资产”账户只反映固定资产的原始价值，固定资产价值的减少需要通过设置“累计折旧”账户来反映。“累计折旧”账户贷方登记计提的固定资产折旧额，借方登记因出售、报废等原因引起的固定资产价值减少时注销其已提取的折旧额，期末余额在贷方，表示企业现有固定资产已计提的累计折旧数额。“固定资产”账户的借方余额（固定资产的原始价值）减“累计折旧”账户的贷方余额就是固定资产的净值，即尚未转移到产品成本费用中去的固定资产的价值。“累计折旧”账户一般只进行总分类核算，不进行明细分类核算。

（五）“管理费用”账户

“管理费用”账户属于损益类账户，用来核算企业行政管理部门为组织和管理生产经营活动发生的各项费用。其借方登记企业发生的各项管理费用，贷方登记期末结转至“本年利润”账户的管理费用数额，结转后该账户无余额。该账户应按费用项目设置明细账，进行明细分类核算。

（六）“销售费用”账户

“销售费用”账户属于损益类账户，用来核算企业在销售商品过程中发生的各项费用。其借方登记企业所发生的各项营业费用，贷方登记期末结转至“本年利润”账户的销售费用数额，结转后该账户无余额。该账户应按费用项目设置明细账，进行明细分类核算。

（七）“财务费用”账户

“财务费用”账户属于损益类账户，用来核算企业为筹集生产经营所需资金而发生的费用。其借方登记企业所发生的各项财务费用，贷方登记冲减财务费用的利息收入、汇兑收益及期末结转至“本年利润”账户的财务费用数额，结转后该账户无余额。该账户应按费用项目设置明细账，进行明细分类核算。

（八）“库存商品”账户

“库存商品”账户属于资产类账户，用来核算企业完工入库的产成品增减变动及其结存情况。其借方登记已经完工并验收入库的各种产成品的实际生产成本，贷方登记已经发出的产成品的实际生产成本，期末余额在借方，表示库存产成品的实际生产成本。该账户应按产品种类、规格和存放地点设置明细账，进行明细分类核算。

三、生产要素整合阶段主要业务的核算

（一）费用的归集和分配

1. 材料费用的归集和分配

例 5-19 工业企业生产经营过程中，车间生产产品和其他部门领用材料形成材料费用。材料费用一般应按领用部门和用途进行归集，并按其用途分配计入产品生产成本或期间费用。对生产车间直接用于某种产品生产的原材料，可直接记入该项产品生产成本明细账中的“直接材料”成本项目；对几种产品共同耗用的原材料，应采用适当的方法，将材料费用在各种产品之间进行分配，分别记入各产品生产成本明细账中；对生产车间用于间接消耗的原材料，应记入“制造费用”账户；对企业行政管理部门用于其他方面的材料费用，应记入“管理费用”账户。

这项经济业务，一方面生产 A、B 产品耗用材料，使得 A、B 产品的生产成本增加，应记入“生产成本”账户借方；车间耗用材料，无法直接归属到产品的生产成本，是生产 A、B 产品的间接费用，应先记入“制造费用”账户借方，期末再通过一定的分配方式结转到各产品的“生产成本”；管理部门耗用材料，使得期间费用增加，应记入“管理费用”账户的借方，另一方面仓库发出原材料，使得资产中的原材料减少，应记入“原材料”账户的贷方。会计分录如下：

借：　生产成本——A 产品 45 000

　　　　　　　——B 产品 35 000

　　制造费用 2 600

　　管理费用 1 050

　　贷：　原材料 83 650

2. 人工费用的归集和分配

人工费用包括工资和福利费，其中工资是企业在一定时期内直接支付给职工的劳动报酬，包括各种工资、奖金和津贴。另外，在我国，企业职工除了按规定取得工资外，还可以享受一定的福利待遇，如享受公费医疗、职工生活困难补助等。现阶段规定企业应按工资总额的14%计提职工福利费。人工费用是生产成本和期间费用的重要组成部分，应按工资费用的部门和用途进行归集，分别计入产品成本和期间费用。直接从事产品生产的工人的工资、福利费等应记入“生产成本”账户，对几种产品共同发生的人工费用，应采用适当的标准和方法，将人工费用在各种产品之间进行分配，分别计入各产品生产成本明细账中；生产车间管理人员的工资、福利费等应记入“制造费用”账户；企业管理人员的工资、福利费等应记入“管理费用”账户；销售机构人员的工资、福利费等应记入“销售费用”账户。

例5-20 企业计提本月应付职工工资66 600元，其中：

A产品生产工人工资 20 000元

B产品生产工人工资 15 000元

共同生产A、B产品生产工人工资 18 000元

车间管理人员工资 3 600元

企业管理人员工资 4 000元

企业销售网点人员工资 6 000元

A产品生产工时2 500工时，B产品生产工时2 000工时。按工时分配共同生产A、B产品生产工人的工资。

根据上述资料，对A、B产品共同发生的人员工资费用分配如下：

分配率=18 000÷（2 500+2 000）=4（元/工时）

A产品应负担的工资费用=2 500×4=10 000（元）

B产品应负担的工资费用=2 000×4=8 000（元）

计提当期人员工资费用，一方面使成本费用中的人工费用增加66 600元，其中：计提生产工人的工资，使得生产成本增加，记入“生产成本”的借方；计提车间管理人员的工资，使得制造费用增加，记入“制造费用”的借方；计提行政管理人员的工资，使得管理费用增加，记入“管理费用”的借方；计提销售网点人员的工资，使得营业费用增加，记入“销售费用”的借方，另一方面应付未付的工资，使企业的负债增加了66 600元，应记入“应付工资”账户的贷方。会计分录如下：

借：生产成本——A产品 30 000

——B产品 23 000

制造费用 3 600

管理费用 4 000

销售费用 6 000

贷：应付职工薪酬——工资 66 600

例5-21 承例5-20，按工资总额的14%计提福利费。

福利费据实列支，但上限为职工工资总额的14%，年终若未用完，则应冲销多提取的福利费。从成本费用中提取，用于职工福利开支，与计提工资的分配方法相同，职工福利费并非于提取当期发放给职工，因而计提福利费时形成企业的一项负债。

应计提的福利费金额如下：

按生产A产品工人工资总额应提取的福利费为30 000×14%=4 200

（元）

按生产B产品工人工资总额应提取的福利费为23 000×14%=3 220（元）

按车间管理人员工人工资总额应提取的福利费为3 600×14%=504（元）

按企业管理人员工人工资总额应提取的福利费为4 000×14%=560（元）

按销售机构人员工人工资总额应提取的福利费为6 000×14%=840（元）

计提当期福利费，一方面使成本费用中的人工费用增加9 324元（工资总额66 600的14%），其中： 计提生产工人的福利费，使得生产成本增加，记入“生产成本”的借方；计提车间管理人员的福利费，使得制造费用增加，记入“制造费用”的借方；计提行政管理人员的福利费，使得管理费用增加，记入“管理费用”的借方；计提销售网点人员的福利费，使得营业费用增加，记入“销售费用”的借方。另一方面增加企业的应付福利费，使企业的负债增加了9 324元，应记入“应付职工薪酬”账户的贷方。会计分录如下：

借： 生产成本——A产品 4 200

——B产品 3 220

制造费用 504

管理费用 560

营业费用 840

贷：应付职工薪酬——福利费 9 324

例 5-22 企业从银行提取现金 50 000 元，准备发放职工工资。

这项经济业务的发生，一方面使企业资产中的库存现金增加了 50 000 元，记入“库存现金”账户的借方，另一方面使企业资产中的银行存款减少了 50 000 元，记入“银行存款”账户的贷方。会计分录如下：

借：库存现金 50 000

贷：银行存款 50 000

例 5-23 以现金 50 000 元发放职工工资。

这项经济业务的发生，一方面使企业负债中的应付职工薪酬减少了 50 000 元，记入“应付职工薪酬”账户的借方，另一方面使企业资产中的库存现金减少了 50 000 元，记入“库存现金”账户的贷方。会计分录如下：

借：应付职工薪酬 50 000

贷：库存现金 50 000

例 5-24 企业给予某职工生活困难补助 2 000 元，以现金支付。

这项经济业务的发生，一方面职工生活困难补助属于应付福利费的支出，使企业负债中的应付职工薪酬减少了 2 000 元，记入“应付职工薪酬”账户的借方，另一方面使企业资产中的库存现金减少了 2 000 元，记入“库存现金”账户的贷方。会计分录如下：

借：应付职工薪酬——福利费 2 000

贷：库存现金 2 000

3. 制造费用的归集和分配

制造费用是企业为生产产品发生的间接费用。制造费用在发生时，一般无法直接判定其应归属的成本核算对象，不能直接计入产品生产成本，而应先在“制造费用”账户进行归集汇总，期末再采用一定的分配标准和方法，分配计入相关产品的生产成本。制造费用是产品生产成本的重要组成部分，正确地归集、分配制造费用，关系到产品生产成本计算的准确性。

例 5-24 企业计提当月固定资产折旧 12 000 元，其中生产车间固定资产折旧 8 000 元，企业管理部门固定资产折旧 4 000 元。

固定资产在使用过程中减少的价值，是通过计提折旧的方法逐步转移到产品成本或期间费用中。因此，计提折旧的同时将使生产费用或期间费用增加。固定资产折旧费用应该按固定资产使用部门固定分配，生产车间使用的固定资产计提的折旧，记入“制造费用”账户的借方，企业管理部门使用的固定资产计提的折旧，记入“管理费用”账户的借方，同时，固定资产因使用等原因而减少的价值总额，应记入“累计折旧”账户的贷方。会计分录如下：

借：制造费用 8 000

管理费用 4 000

贷：累计折旧 12 000

例 5-26 企业通过银行支付本月车间水电费 1 500 元。

这项经济业务，一方面，车间水电费的耗用，使得费用增加，应记入“制造费用”账户的借方，另一方面企业用银行存款支付水电费，使得资产减少，应记入“银行存款”账户的贷方。会计分录如下：

借：制造费用 1 500

贷：银行存款 1 500

例 5-27 承例 5-19 至例 5-26，月末，将本月发生的制造费用按生产工人工时比例分配计入 A、B 产品生产成本。A 产品生产工时为 2 500 工时，B 产品生产工时为 2 000 工时。

制造费用属于间接费用，月末应按照各种产品的生产工人工资比例、生产工人工时比例、产品产量比例等标准在各种产品之间进行分配，分别计入各产品生产成本。

对于这项业务，首先计算制造费用总额。根据前述相关资料归集的材料费用、人工费用和固定资产折旧等其他间接费用，计算出本期的制造费用总额为 16 204 元（2 600 元 +3 600 元 +504 元 +8 000 元 +1 500 元）。然后按生产工人的工时比例进行分配，计算制造费用分配率。最后确定每种产品应负担的制造费用数额。具体计算如下：

制造费用分配率 = 制造费用总额 ÷ 生产工人工时之和

=16 204÷（2 500+2 000）

=3.6009（元 / 工时）

A 产品负担的制造费用 =2 500×3.6009=9 002.25 （元）

B 产品负担的制造费用 =16 204-9002.25=7 201.75（元）

将分配结果计入 A 产品和 B 产品的成本，使得 A 产品和 B 产品的成本增加，应记入“生产成本”账户的借方，同时，制造费用分配额结转至产品生产成本后，使得制造费用减少，应记入“制造费用”账户的贷方。会计分录如下：

借：生产成本——A产品 9 002.25

——B产品 7 201.75

贷：制造费用 16 204

4. 完工产品生产成本的计算和结转

将制造费用分配至各产品的生产成本之后，应计入产品成本的直接材料费用、直接人工费用、制造费用等都已归集在“生产成本”账户的借方，在此基础上可以进行产品成本的计算。产品成本计算是指在产品完工之后，编制产品成本计算单位，计算验收入库的完工产品总成本和单位成本，为了确定库存商品入账价值和计算产品销售成本提供计价依据。

企业应按产品品种设置生产成本明细账，用来核算、归集应计入各种产品生产成本的各项生产费用。月末，如果某种产品全部完工，该产品生产成本明细账所归集的费用总额即为该种完工产品的总成本；如果某种产品全部没有完工，该产品生产成本明细账所归集的费用总额即为该种产品在产品的总成本；如果某种产品部分完工，该项产品生产成本明细账所归集的费用总额，还应采用一定的方法在完工产品和在产品之间进行分配，然后计算出完工产品的总成本和单位成本。生产成本在完工产品和在产品之间进行分配，是成本会计中重要且复杂的成本核算内容，将在以后的专业会计中介绍。

例 5-28 月末，企业生产的A、B两种产品，A产品200件全部完工验收入库；B产品150件，其中：完工入库产品100件，在产品50件，在产品成本为13 052.89元。

产品完工入库结转成本时，一方面使资产增加，应记入“库存商品”账户的借方，另一方面完工产品入库，应记入“生产成本”账户贷方。会计分录如下：

借：　库存商品——A 产品 88 202.25

　　　　　　　——B 产品 56 480

贷：　生产成本——A 产品 88 202.25

　　　　　　　——B 产品 56 480

第五节　销售阶段的核算

企业从生产制造完成的库存商品验收入库开始，到销售给购买单位为止的过程称为销售过程。产品销售过程也是产品价值的实现过程。在这一过程中，企业将生产出来的产品销售出去，实现其价值，并向购货单位收取货款，形成销售收入，以补偿生产过程中的耗费，保证企业再生产正常进行的资金需要。这时企业经营资金从成品资金形态转化为货币资金形态，完成了一次资金循环。

在销售过程中，企业要确认销售收入的实现，收入的入账金额一般按销售产品的售价确认，不包括向购货方收取的增值税。产品销售后，应按配比原则的要求，结转产品销售成本（销售产品的实际成本）；企业为销售产品，会发生各项销售费用，这些费用应计入当其损益，从销售收入中得到补偿；此外，企业在销售过程中取得的收入，还要按税法的规定计算缴纳各种税金及附加费。

因此，销售阶段核算的主要内容包括： 确认和记录销售收入，与购货单位办理结算收回货款，计算并结转销售成本，支付销售费用，计算和交纳销售税金等。

一、销售收入的确认

销售收入是指企业销售商品或提供劳务等日常经营活动所获取的经济利益的总流入。一般分为主营业务收入和其他业务收入。

为了及时、准确地核算企业的销售收入，企业应以权责发生制为原则，确认销售收入的入账时间。根据《企业会计准则》规定，销售商品实现的收入，应在下列条件均能满足时予以确认：

（1） 企业已将商品所有权上的主要风险和报酬转移给购货方。

商品所有权上的风险，主要是指商品所有者承担该商品价值发生损失的可能性，比如，商品因贬值、毁损而发生减值的可能性。商品所有权上的报酬，主要是指商品所有者预期可获得的商品中包含的未来经济利益，比如，商品价值的增加以及商品的使用所形成的经济利益等。如果一项商品发生的任何损失均不需要本企业承担，带来的经济利益也不归本企业所有，则意味着该商品所有权上的风险和报酬伴随着所有权的转移或实物的交付而转移，就可以认为该售出商品所有权上的风险和报酬已移出了该销货方。

（2） 企业既没有保留通常与所有权相联系的继续管理权，也没有对已售出的商品实施控制。

企业将商品所有权上的风险和报酬转移给购货方后，如仍然保留通常与所有权相联系的继续管理权，或仍然对售出的商品实施控制，则说明此项销售商品交易没有完成，销售不能成立，不能确认相应的销售收入。

（3） 与交易相关的经济利益能够流入企业。

在销售商品的交易中，与交易相关的经济利益主要表现为销售商品的价款。销售商品的价款能否有把握收回，是收入确认的一个重要条件，企业在销售商品时，如估计价款收回的可能性不大，即使收入确认的其他条件均已满足，也不应当确认收入。

销售商品的价款能否收回，主要根据企业以前和买方交往的直接经验，或从其他方面取得的信息等进行判断。一般情况下，企业售出的商品符合合同或协议规定的要求，并已将发票账单交付买方，买方也承诺付款，即表明销售商品的价款能够收回，如企业判断价款不能收回，应提供可靠的判断依据。

（4） 相关的收入和成本能够可靠地计量。

收入是否能可靠地计量是确认收入的基本前提，如果收入不能可靠计量则无法确认收入。企业在销售商品时，售价通常已经确定，但销售过程中由于某些不确定因素，也有可能出现售价变动的情况，在新的售价未确定前，也不应确认收入。

根据收入和费用配比原则，与同一项销售有关的收入和成本应在同一会计期间予以确认，即企业应在确认收入的同时或同一会计期间结转相关的成本。因此，如果成本不能可靠计量，相关的收入就不能确认。这时，若已收到价款，应确认为一项负债。

二、销售阶段核算应设置的主要账户

为组织销售过程的核算，反映和监督销售业务，应设置“主营业务收入”、“主营业务成本”、“营业税金及附加”、“销售费用”、“应收账款”、“应收票据”、“预收账款”、“其他业务收入”和“其他业务成本”等主要账户。

（一）“主营业务收入”账户

“主营业务收入”账户属于损益类账户，用来核算企业在销售商品、提供劳务等日常活动中取得的收入。其贷方登记企业销售商品、提供劳务等实现的主营业务收入，借方登记发生销售折让或退回时冲减的主营业务收入和期末转入“本年利润”账户的主营业务收入，期末结转后该账户无余额。该账户应按销售产品的品种或类别设置明细账，进行明细分类核算。

（二）“主营业务成本”账户

企业销售商品，一方面取得销售收入，另一方面相应地也减少了库存商品，这部分库存商品的价值，是工业企业为取得收入而在生产过程中垫支的资金，是为取得收入而发生的费用，这项费用在会计上称为主营业务成本。商品销售后，在确认收入的同时，按照配比原则的要求，必须将售出商品的成本转入主营业务成本。“主营业务成本”账户属于损益类账户，用来核算企业因销售商品、提供劳务等日常活动中的主要业务交易所发生的实际成本及其结转情况。其借方反映本期结转的销售商品、提供劳务的实际成本，贷方反映期末结转至“本年利润”账户的成本以及因销售退回而冲减的主营业务成本，期末结转后该账户没有余额。该账户应按销售产品的品种或类别设置明细账，进行明细分类核算。

（三）“营业税金及附加”账户

企业在销售过程中实现的销售收入，应按税法规定计算并交纳各种税金及附加，包括消费税、营业税、资源税、城市维护建设税和教育费附加。这些按销售收入计算征收的税金及附加，应按配比原则的要求，与主营业务收入在同一会计期间加以确认，从销售收入中得到补偿。“营业税金及附加”账户属于损益类账户，用来核算企业因销售商品、提供劳务等日常活动应负担的各项税金及附加的计算及结转情况。其借方登记按销售收入等为依据计算的各项税金及附加，贷方登记期末转入“本年利润”账户的营业税金及附加，期末结转后该账户没有余额。

（四）“销售费用”账户

“销售费用”账户属于损益类账户，用来核算企业在销售过程中发生的各项费用以及专设销售机构的各项经费，包括应由企业负担的广告费、展览费、运输费、装卸费、委托代销手续费、保险费、销售服务费用等。其借方登记企业发生的各项营业费用，贷方登记期末转入“本年利润”账户的营业费用，期末结转后该账户没有余额。该账户应按费用项目设置明细账，进行明细分类核算。

（五）“应收账款”账户

“应收账款”账户属于资产类账户，用来核算企业因销售商品、提供劳务等业务应向购货单位或接受劳务单位收取的款项（代购货单位垫付的各种款项也在该账户核算）。借方登记因销售商品、提借劳务等发生的应向购货方收取的商品价款、增值税税款和代垫款项，贷方登记已经收回的应收款项，期末余额在借方，表示尚未收回的应收账款。该账户应按购货单位名称设置明细账，进行明细分类核算。

（六）“应收票据”账户

“应收票据”账户属于资产类账户，用来核算企业在销售商品、提供劳务过程中收到的购货单位或接受劳务单位开出的商业汇票（包括商业承兑汇票和银行承兑汇票）的增减变动及结存情况，其借方登记企业在销售商品、提供劳务过程中收到的商业汇票，贷方登记商业汇票到期收回的金额和持未到期票据向银行贴现的金额，期末余额在借方，表示尚未到期的票据应收款项。为了解每一应收票据的结算情况，企业应设置“应收票据备查簿”，详细登记每一应收票据的种类、号码、签发日期、到期日期、票面金额、收款人姓名或名称及付款日期等内容，应收票据到期结算后，应在备查簿内逐笔注销。

（七）“预收账款”账户

“预收账款”账户属于负债类账户，用来核算企业按合同规定预收购货单位的款项。其贷方登记向购货单位预收的款项和销售实现时购货单位补付的款项，借方登记销售实现时冲销的预收货款和退回购货方多付账款的数额。期末贷方余额表示企业预收的货款；期末借方余额，表示企业应收货款。该账户应按购货单位名称设置明细账，进行明细分类核算。

在实际工作中，预收账款业务不多的企业，可以不设置“预收账款”账户，所发生的预收账款业务，可通过“应收账款”账户核算。

（八） “其他业务收入”账户

“其他业务收入”账户属于损益类账户，用来核算企业主营业务以外的其他日常活动所产生的收入（如材料销售收入和包装物出租收入等）及其结转情况。其贷方登记企业实现的其他业务收入，借方登记期末转入“本年利润”账户的其他业务收入，期末结转后账户无余额。该账户应按其他业务的种类设置明细账，进行明细分类核算。

（九） “其他业务成本”账户

企业在获得其他业务收入的同时，相应会发生与其他业务有关的成本、费用和税金支出，如售出原材料的成本、其他业务收入应负担的税金等。由于其他业务相对主营业务发生较少，按重要性原则的要求，将与其他业务有关的成本、费用和税金支出等，统称为其他业务成本，不再分类核算。“其他业务成本”账户属于损益类账户，用来核算企业其他业务成本的发生及其结转情况。该账户的借方登记各种其他业务发生的成本、费用和税金支出，贷方登记期末转入“本年利润”账户的其他业务支出，期末结转后该账户无余额。该账户应按其他业务的种类设置明细账，进行明细分类核算。

三、销售阶段主要经济业务的核算

（一） 主营业务收支的核算

例 5-29 某企业向南方公司销售甲产品 100 件，每件 600 元，价款为 60 000 元，增值税税额为 10 200 元，款项已收存银行。

这项经济业务，收到的款项使得企业的资产增加，应记入“银行存款”账户的借方，销售商品实现的收入，应记入“主营业务收入”账户的贷方，销售货物收取的增值税，在一般纳税人企业，应记入“应交税费——应交增值税”账户贷方的销项税额。会计分录如下：

借：银行存款 70 200

贷：主营业务收入 60 000

应交税费——应交增值税（销项税额） 10 200

例 5-30 某企业向龙江公司销售甲产品 120 件，每件 600 元，价款为 72 000 元，增值税税额为 12 240 元，款项尚未收到。

这项经济业务，销售款未收到，使企业资产中的债权增加，应记入“应收账款”账户的借方，同时，商品已销售并取得收款权利，表明收入实现，应记入“主营业务收入”账户的贷方，收取的增值税在一般纳税人企业，应记入“应交税费——应交增值税”账户贷方的销项税额。会计分录如下：

借：应收账款——龙江公司 84 240

贷：主营业务收入 72 000

应交税费——应交增值税（销项税额） 12 240

例 5-31 某企业向外地江发公司销售甲产品 200 件，每件 600 元，价款为 120 000 元，增值税税额为 20 400 元，用银行存款代垫运杂费 3 000 元，江发公司尚未付款。

这项经济业务，销售款、税金及代垫款未收到，使企业资产中的债权增加，应记入“应收账款”账户的借方，同时，商品已销售并取得收款权利，表明收入实现，应记入“主营业务收入”账户的贷方，收取的增值税在一般纳税人企业，应记入“应交税费——应交增值税”账户贷方的销项税额，企业用银行存款代垫了运杂费，记入“银行存款”账户的贷方。会计分录如下：

借：应收账款——江发公司 143 400

贷：主营业务收入 120 000

应交税费——应交增值税（销项税额） 20 400

银行存款 3 000

江发公司付款时，企业收到款项，银行存款增加，记入“银行存款”账户的借方，同时，应收账款减少，记入“应收账款”账户的贷方。会计分录如下：

借：银行存款 143 400

贷：应收账款——江发公司 143 400

例 5-32 某企业向华能工厂销售乙产品 100 件，每件 800 元，价款为 80 000 元，增值税税额为 13 600 元，收到对方开出并承兑的 60 天期的银行承兑汇票，票面金额为 93 600 元。

这项经济业务，收到的银行承兑汇票使得资产增加，应记入“应收票据”账户的借方，销售商品实现的收入，应记入“主营业务收入”账户的贷方，销售货物收取的增值税，在增值税一般纳税人企业，应记入“应交税费——应交增值税”账户贷方的销项税额。会计分录如下：

借：应收票据——华能工厂 93 600

贷：主营业务收入 80 000

应交税费——应交增值税（销项税额） 13 600

60 天后，该应收票据到期，收回到期票款时，企业收到款项，银行存款增加，记入“银行存款”账户的借方，同时，应收票据减少，记入“应收票据”账户的贷方。会计分录如下：

借：银行存款 93 600

贷：应收票据——华能工厂 93 600

例 5-33 某企业为增值税一般纳税人，与东盛公司签订合同销售乙产品，销售 50 件，货款 40 000 元，应交纳增值税 6 800 元。

（1） 企业预收东盛公司订货款 20 000 元。

这项经济业务，收到的银行存款使得资产增加，应记入“银行存款”账户的借方，同时，根据权责发生制原则，在货物发出前，企业预收的货款，不能确认为本期收入，而应将收到的款项作为一项负债记入“预收账款”账户的贷方。会计分录如下：

借：银行存款 20 000

贷：预收账款——东盛公司 20 000

（2） 企业按合同规定，将货物发到东盛公司，东盛公司验收合格，该企业确认该笔销售收入实现，并开出增值税发票。

这项经济业务，销售实现时一方面减少负债，冲销预收账款，应记入“预收账款”账户的借方，同时，确认本期收入，应记入“主营业务收入”账户的贷方，销售货物收取的增值税，在增值税一般纳税人企业，应记入“应交税费——应交增值税”账户贷方的销项税额。会计分录如下：

借：预收账款——东盛公司 46 800

贷：主营业务收入 40 000

应交税费——应交增值税（销项税额） 6 800

（3）收到东盛公司补付的货款26 800元。

这项经济业务，补付货款时，应记入“预收账款”账户的贷方，同时，企业银行存款增加，应记入“银行存款”账户的借方。会计分录如下：

借：银行存款 26 800

贷：预收账款——东盛公司 26 800

例5-34 某企业通过银行支付广告费12 000元，展览费4 000元。

这项经济业务，一方面销售过程发生的费用，使费用增加，应记入“销售费用”账户的借方，另一方面银行存款减少，应记入“银行存款”账户的贷方。会计分录如下：

借：销售费用——广告费 12 000

——展览费 4 000

贷：银行存款 16 000

例5-35 月末，按税法规定，计算当月应交城市维护建设税606元，应交教育费附加259元。

这项经济业务，一方面，发生应由销售收入承担的销售税金及附加增加，应记入“主营业务税金及附加”账户的借方，另一方面由于企业一般于月末计提税金及附加，下月初缴纳，应交未交的税金及附加，表示企业负债的增加，应记入“应交税金”、“其他应交款”账户的贷方，会计分录如下：

借：营业税金及附加 865

贷：应交税费——应交城市维护建设税 606

——应交教育费附加 259

例 5-36 月末，计算并结转已售产品成本。甲产品销售 420 件，单位生产成本 400.50 元；乙产品销售 150 件，单位生产成本 485 元。结转已售产品成本，一方面使企业的费用增加，应记入“主营业务成本”账户的借方，另一方面使库存商品减少 240 960 元（400.5 元 ×420+485 元 ×150），应记入“库存商品”的贷方。会计分录如下：

借：主营业务成本 240 960

贷：库存商品——甲产品 168 210

——乙产品 72 750

（二）其他业务收支的核算

例 5-37 某企业以 15 000 元的价格出售一批原材料，该批材料的成本为 10 000 元，增值税税率为 17%，款项已收存银行。

出售材料属于工业企业主营业务以外的经济活动，该收入应作为其他业务收入核算，销售实现收到银行存款时，增加了企业资产中的银行存款，记入“银行存款”账户的借方；确认销售收入，记入“其他业务收入”的贷方，销售货物收取的增值税，在增值税一般纳税人企业，应记入“应交税费——应交增值税”账户贷方的销项税额。同时，按照配比性原则，结转该材料成本，记入“其他业务成本”的借方；

企业的原材料减少，记入“原材料”账户的贷方。会计分录如下：

借：银行存款 17 550

贷：其他业务收入 15 000

应交税费——交增值税（销项税额） 2 550

借：其他业务成本 10 000

贷：原材料 10 000

例 5-38 收到明发公司经营性租用固定资产支付的本月租金 3 000 元，营业税为 150 元（税率为 5%）。同时，该项固定资产本月应计提折旧 600 元。

出租固定资产属于工业企业主营业务以外的经济活动，该收入应作为其他业务收入核算，收到租金时增加了企业资产中的银行存款，记入“银行存款”账户的借方；确认其他业务收入，记入“其他业务收入”账户的贷方。同时，按照配比性原则，结转相应的成本，该项收入应交营业税和本月应计提的折旧作为其他业务成本核算，记入“其他业务成本”账户的借方；企业的累计折旧和应交税金增加，分别记入“累计折旧”、“应交税金”账户的贷方。会计分录如下：

借：银行存款 3 000

贷：其他业务收入 3 000

应交税费-应交增值税 435.90

借：其他业务成本 750

贷：累计折旧 600

应交税费——应交营业税 150

第六节 财务成果形成的核算

企业的财务成果，是指企业在一定时期内生产经营活动的最终经营成果，是一定时期的收入与费用相抵后的差额，在财务上表现为净利润或净亏损。企业生产经营的最终目的，就是要努力扩大收入，尽可能地降低成本与费用，提高企业盈利水平，增强企业的获利能力。获利能力的高低，是衡量企业优劣的一个重要标志。

一、利润的构成

（一） 利润的含义

利润是企业在一定会计期间取得的体现在财务上的最终经营成果。它是按配比原则的要求，将一定会计期间的各种收入与各种费用支出进行配比的结果。收入大于费用支出的差额为利润，反之则为亏损。

（二） 利润的构成

利润是一个综合指标，能够全面反映企业生产经营过程中所费与所得的关系。正确计算利润的关键在于正确计算和确认一个会计期间的收入和费用。企业的收入从广义上讲，包括营业收入、投资净收益、补贴收益、补贴收入和营业外收入等；企业的费用从广义上讲，不仅包括为取得营业收入而发生的各种耗费，而且包括营业外支出和所得税。企业的利润包括营业利润、利润总额和净利润。

1. 营业利润

营业利润 = 营业收入 - 营业成本 - 营业税金及附加 - 销售费用 - 管理

费用－财务费用－资产减值损失＋公允价值变动收益（－公允价值变动损失）＋投资收益（－投资损失）

其中，营业收入是企业经营业务所确定的收入总额，包括主营业务收入和其他业务收入；营业成本是指企业营业业务所发生的实际成本总额，包括主营业务成本和其他业务成本；资产减值损失是指企业在期末计提各项资产减值准备所形成的损失；公允价值变动收益（或损失）是指企业交易性金融资产等公允价值变动形成的利得（或损失）；投资收益（或损失）是指企业以各种方式对外投资取得的投资收益（或发生的投资损失）。

2. 利润总额

根据《企业会计准则》的有关规定，企业的利润总额是指营业利润加上营业外收入减去营业外支出后的金额。用公式表示为：

利润总额＝营业利润＋营业外收入－营业外支出

其中，营业外收入和营业外支出是指企业发生的与其生产经营活动没有直接关系的各项收入和各项支出，虽然营业外收入和营业外支出与企业的生产经营活动没有直接联系，但是，从企业主体来看，也是增加或减少利润的因素，对企业的利润总额及净利润产生一定的影响。

3. 净利润

净利润是企业当期利润总额减去按税法规定向国家交纳的企业所得税后的金额，即企业的税后利润，用公式表示为：

净利润＝利润总额－所得税费用

二、利润形成核算应设置的主要账户

为正确核算企业的利润形成，除本章前面已介绍的收入类账户、费用类账户外，还应设置“营业外收入”“营业外支出”“投资收益”“财务费用”“所得税费用”“应交税费”和“本年利润”等账户。

（一）“营业外收入”账户

“营业外收入”账户属于损益类账户，用来核算和监督企业发生的与生产经营无直接关系的各项营业外收入的实现及结转情况。其贷方登记企业实现的各项营业外收入数额，借方登记期末转入“本年利润”账户的营业外收入数额，期末结转后该账户无余额。该账户应按收入的项目设置明细账，进行明细分类核算。

（二）“营业外支出”账户

“营业外支出”账户属于损益类账户，用来核算和监督企业发生的与生经营无直接关系的各项营业外支出的发生和结转情况，如固定资产盘亏、处理固定资产的净损失、罚款支出和非常损失等。该账户借方登记企业发生的各项营业外支出，贷方登记期末转入“本年利润”账户的营业外支出，结转后该账户无余额。该账户应按支出项目设置明细账，进行明细分类核算。

（三）“投资收益”账户

“投资收益”账户属于损益类账户，用来核算和监督企业对外投资实现的收益或发生的损失及其结转情况。其贷方登记实现的投资收益，借方登记发生的投资损失和期末转入“本年利润”账户的投资收益，期末结转后该账户无余额。该账户应按对外投资的种类设置明细账，进行明细分类核算。

（四）“财务费用”账户

“财务费用”账户属于损益类账户，用来核算和监督企业为筹集生产经营所需资金而发生的费用。其借方登记企业发生的利息支出、汇兑损失和相关手续费等各项财务费用，贷方登记利息收入、汇兑收益和期末转入“本年利润”账户的财务费用，期末结转后该账户无余额。该账户应按财务费用的种类设置明细账，进行明细分类核算。

（五）“所得税费用”账户

“所得税费用”账户属于损益类账户，用来核算和监督企业按照税法规定应从当期损益中扣除的所得税费用的计算及其结转情况。该账户的借方登记按应纳税所得额和所得税税率计算的所得税数额，贷方登记期末转入“本年利润”账户的所得税数额，期末结转后该账户无余额。

（六）“应交税费”账户

“应交税费”账户属于负债类账户，用来核算应交税金包括增值税、消费税、营业税、城市维护建设税、资源税和土地增值税等税金的形成及其交纳情况。该账户贷方登记应交纳的各种税费，借方登记实际交纳的税费。期末余额在贷方，表示企业应交未交的税金，期末余额在借方，表示企业多交或尚未抵扣的税金。该账户应按应交税金的种类设置明细账，进行明细分类核算。

（七）“本年利润”账户

“本年利润”账户属于所有者权益类账户，用来核算企业利润形成和亏损发生情况。会计期末，将“主营业务收入”“其他业务收入”和“营业外收入”等收入账户的余额转入“本年利润”账户的贷方，将“主营业务成本”“营业税金及附加”“管理费用”“销售费用”“财务费用”“其他业务成本”“营业外支出”和“所得税费用”等费用账户的余额转入“本年利润”账户的借方，“投资收益”账户则根据余额的方向转入“本年利润”的借方或贷方。结转后，“本年利润”账户如为贷方余额，表示企业当年实现的净利润；“本年利润”账户如为借方余额，表示企业当年发生的净亏损。年度终了，应将“本年利润”账户的借方余额或贷方余额转入“利润分配”账户，如为盈利，从该项账户的借方转入“利润分配——未分配利润”账户的贷方；如为亏损，从该账户的贷方转入“利润分配——未利润分配”账户的借方，结转后该账户无余额。

三、利润形成的核算

（一） 财务费用的核算

企业发生各项财务费用，借记“财务费用”的借方，贷记“银行存款”“应付利息”和“长期借款”等账户；企业发生利息收入、汇兑收益时，应借记“银行存款”和“长期借款”等账户，贷记“财务费用”等账户，期末将“财务费用”账户余额转入“本年利润”账户。

例 5-39 企业接到银行通知，用银行存款支付当月短期借款利息 1 500 元，该借款用于日常资金周转。

用于日常资金周转的短期借款利息应计入当期损益，这项经济业务一方面使企业的费用增加了 1 500 元，应记入“财务费用”账户的借方，另一方面使银行存款减少，应记入“银行存款”账户的贷方，会计分录如下：

借：财务费用 1 500

贷：银行存款 1 500

例 5-40 预提应由本月负担的银行短期借款利息 600 元。

这项经济业务，一方面使企业的财务费用增加了 600 元，记入“财务费用”账户的借方，另一方面使企业的负债增加，应记入“应付利息”账户的贷方，会计分录如下：

借：财务费用 600

贷：应付利息 600

（二）投资收益的核算

企业的对外投资分为债权投资和股权投资。投资收益是指债权投资产生的利息收入、股权投资产生的股利，以及处置投资时，处置收入与投资账面价值之间的差额。处置收入大于投资账面价值的差额，为投资收益；处置收入小于投资账面价值的差额，为投资损失。

例 5-41 因需要资金，企业将短期持有的科健股份有限公司的股票以 195 600 元的价格在证券市场销售，款项已收存银行。该股票的账面价值为 189 500 元。

短期持有的股票属于短期投资股票的出售价格与账面价值的差额应确认为投资收益。这项经济业务，一方面出售股票收到银行存款，使得企业资产增加，应记入“银行存款”账户的借方，另一方面出售股票，使得企业资产减少，应记入“短期投资”账户的贷方，两者的差额为投资收益，收益增加应记入“投资收益”账户的贷方。会计分录如下：

借：银行存款 195 600

贷：短期投资 189 500

投资收益 6 100

例 5-42 企业于 2008 年 1 月 1 日以 3 000 000 元购进某公司于当日发行的面值为 3 000 000 元的两年期债券，该债券的票面利率为 8%，每年年末付息，作出 2008 年年末的会计处理。

持有分期付息债券，应于年末根据债券面值和票面利率计提当期债券投资的利息（当期利息 =3 000 000×8%=240 000），计提利息时，一方面增加资产中的应收利息，记入“应收利息”的借方，另一方面增加投资收益，记入“投资收益”的贷方。会计分录如下：

借：应收利息 240 000

贷：投资收益 240 000

收到利息时，一方面增加银行存款，记入“银行存款”的借方，另一方面减少应收利息，记入“应收利息”的贷方。会计分录如下：

借：银行存款 240 000

贷：应收利息 240 000

（三） 营业外收支的核算

营业外收支包括营业外收入和营业外支出。

营业外收入是指与企业正常的生产经营没有直接关系的各项收

入，包括固定资产盘盈、处置固定资产净收益、出售无形资产收益和罚款净收入等。其中：固定资产盘盈是指对于财产清查盘点中盘盈的固定资产，按照有关规定确定其入账价值，报经批准后计入营业外收入的金额；处置固定资产净收益是指企业处置固定资产所取得的收入扣除所处置固定资产账面价值和相关税费后的净收益；出售无形资产净收益是指企业出售无形资产所取得的收入减去所出售无形资产的账面价值及发生的相关税费后的净收益；罚款净收入是指企业取得的各种罚款收入，在弥补由于对方违反合同或协议而造成的经济损失后的罚款净收入。

企业发生营业外收入，应借记“待处理财产损溢”、“银行存款”、“库存现金”和“固定资产清理”等账户，贷记“营业外收入”账户，期末应将“营业外收入”账户余额转入“本年利润”账户。结转后，“营业外收入”账户无余额。

营业外支出是指企业发生的与其生产经营没有直接关系的各项支出。营业外支出与企业生产经营活动没有直接的关系，但也是企业经济利益的流出，应从企业实现的利润中扣除。营业外支出包括固定资产盘亏、处置固定资产净损失、出售无形资产净损失、非常损失、罚款支出等。其中：固定资产盘亏是指对于财产清查盘点中盘亏的固定资产，在查明原因处理时按确定的损失计入营业外支出的金额；处置固定资产净损失是指企业处置固定资产所取得的收入不足以抵补固定资产账面价值和相关处置税费所发生的净损失；出售无形资产净损失是指企业出售无形资产所取得的收入减去所出售无形资产的账面价值及发生的相关税费后的净损失；非常损失是指企业对于因客观因素（如自然灾害等）造成的损失，在扣除保险公司赔偿后应计入营业外支出的净损失；罚款支出是指企业由于违反税收法规、经济合同等而支付的各种滞纳金和罚款。

企业发生营业外支出，应借记“营业外支出”账户，贷记“待处理财产损溢”“银行存款”“库存现金”和“固定资产清理”等账户，期末应将“营业外支出”账户余额转入“本年利润”账户。结转后，“营业外支出”账户无余额。

营业外收入和营业外支出所包括的项目互不相关，两者应当分别核算。在具体核算时，不得以营业外支出直接冲减营业外收入，也不得以营业外收入冲减营业外支出，并在利润表中分别列示。

例 5-43 因天远工厂逾期未执行双方订立的购销合同，企业对天远工厂预付的定金 20 000 元不再返还。

没收的定金属营业外收入中的罚款收入。这项经济业务，一方面使企业利润增加，应记入“营业外收入”账户的贷方，另一方面使企业负债减少，应记入“预收账款”账户的借方，会计分录如下：

借：预收账款 20 000

　　贷：营业外收入 20 000

例 5-44 企业因未在规定期限内缴纳税金，被税务部门收取税收滞纳金 268 元，以现金支付。

税收滞纳金属营业外支出中的罚款支出。这项经济业务，一方面使企业损失增加，应记入“营业外支出”账户的借方，另一方面使资产减少，应记入“库存现金”账户的贷方，会计分录如下：

借：营业外支出 268

贷：库存现金 268

（四）利润总额形成的核算

企业为了在每个会计期末确定本期实现的净利润总额或亏损总额，须将本期的各项收入、费用从上述收入、费用账户结转到本年利润账户。其中收入类账户的本期发生额转入“本年利润”账户的贷方，费用类账户的本期发生额转入“本年利润”账户的借方，配比结果“本年利润”账户如果出现贷方余额，即为利润总额，如果出现借方余额，即为亏损额。

例 5-45 企业收入类账户的本月发生额如下；主营业务收入 372 000 元，其他业务收入 18 000 元，投资收益 246 100 元，营业外收入 20 000 元。将其结转至“本年利润”账户。会计分录如下：

借：主营业务收入 372 000

其他业务收入 18 000

投资收益 246 100

营业外收入 20 000

贷：本年利润 656 100

例 5-46 企业费用类账户的本月发生额如下： 主营业务成本 240 960 元，营业税金及附加 865 元，其他业务成本 10 750 元，管理费用 11 110 元，销售费用 22 840 元，财务费用 2 100 元，营业外支出 268 元，将其结转至“本年利润”账户。会计分录如下：

借：本年利润 288 893

贷：主营业务成本 240 960

营业税金及附加 865

其他业务成本 10 750

管理费用 11 110

销售费用 22 840

财务费用 2 100

营业外支出 268

收入、费用全部都转入“本年利润”账户后，通过借贷方对比，可计算出本月利润为367 207元（656 100-288 893）。

（五）所得税的计算、结转和净利润的核算

按税法规定，企业在一定会计期间获得的利润，需要交纳企业所得税。企业所得税的计税依据不是利润，而是应纳税所得额。应纳税所得额是在利润总额的基础上进行纳税调整后确定的。这部分内容将在以后的专业会计中阐述。下面介绍所得税的计算，假设某企业的应纳税所得额与利润总额一致：

应交企业所得税＝应纳税所得额 × 企业所得税税率

企业应按应纳税所得额及所得税税率计算并确认本期应交所得税，确认时，借记“所得税费用”账户，贷记“应交税费——应交所得税”账户。实际上交时，借记“应交税费——应交所得税”账户，贷记“银行存款”账户。期末，将“所得税费用”账户的余额转入“本年利润”账户，结转后“所得税费用”账户应无余额。

例 5-47 月末，按企业所得税税率25%计算、上交、结转本月应交企业所得税121 178.31元。

计算并确认所得税时，一方面使企业的费用增加，应记入“所得税费用”账户的贷方，另一方面企业应交未交的所得税使负债增加，应记入“应交税费——应交所得税”账户的贷方。会计分录如下：

借：所得税费用 121 178.31

　　贷：应交税费——应交所得税 121 178.31

实际上交所得税时，一方面交纳所得税使负债减少，应记入“应交税费——应交所得税”账户的借方，另一方面使企业资产中的银行存款减少，记入“银行存款”账户的贷方。会计分录如下：

借：应交税费——应交所得税 121 178.31

　　贷：银行存款 121 178.31

结转，“所得税费用”账户的本期发生额转入“本年利润”账户的借方，“所得税费用”账户期末无余额。

借：本年利润 121 178.31

　　贷：所得税费用 121 178.31

结转所得税后，企业本月的净利润为246 028.69元（367 207-121 178.31）。

第七节 资金退出的核算

企业当期实现的净利润，应按照国家规定提取盈余公积后向所有者投资者分配利润，向投资者分配利润使得这部分资金退出离开企业，退出企业的资金循环与周转，除了利润分配外，资金的退出还包括偿还各项债务、上交各项税金。

一、资金退出核算应设置的账户

核算企业的资金退出，除本章前面已介绍的负债类账户、资产类账户外，还应设置“利润分配”、“盈余公积”和“应付利润（股利）”等账户。

（一）“利润分配”账户

“利润分配”账户属于所有者权益类账户，用来核算企业利润的分配（或亏损的弥补）和历年结存的未分配利润（或未弥补亏损）情况。其借方登记实际分配的利润数，包括提取的盈余公积、分配给投资者的利润或股利和年末从“本年利润”账户转入的亏损数，贷方登记年末从“本年利润”账户转入的净利润。期末余额如在借方，表示企业历年积存的未弥补的亏损；期末余额如在贷方，表示企业历年积存的未分配利润。该账户应按利润的分配内容设置“提取法定盈余公积”“应付利润（股利）”“未分配利润”等明细账户，股份有限公司还应设置“应付优先股股利”和“提取任意盈余公积”等明细账户，进行明细分类核算。

（二）“盈余公积”账户

“盈余公积”账户属于所有者权益类账户，用来核算企业从税后利润中提取的盈余公积的增减变动和结余情况，包括法定盈余公积等。其贷方登记提取的盈余公积数额，借方登记用盈余公积弥补亏损或转增资本等引起的盈余公积减少数额，期末余额在贷方，表示期末盈余公积的结存数。该账户应按盈余公积的种类设置“法定盈余公积”和“任意盈余公积”等明细账户，进行明细分类核算。

（三）“应付股利”账户

“应付股利”账户属于负债类账户，核算企业经董事会、股东大会或类似权力机构决议确定分配给投资者的现金股利或利润。其贷方登记企业通过股利或利润分配方案后，应支付的现金股利或利润，借方登记企业实际支付的现金股利或利润，期末余额在贷方，表示企业尚未支付的现金股利或利润。

二、资金退出的核算

（一）偿还各项债务的核算

负债是指过去的交易、事项形成的现时义务，履行该义务预期会导致经济利益流出企业。企业偿还各项债务，将减少企业的负债，同时减少企业的资金或其他资产，应借记“短期借款”、“应付账款”、“应付职工薪酬”等负债类账户，贷记“银行存款”等资产类账户。

例 5-48 企业用银行存款支付欠东方公司的应付账款 200 000 元。

这项经济业务，一方面使企业负债中的应付账款减少，应记入“应付账款”账户的借方，另一方面使企业资产中的银行存款减少，记入“银行存款”账户的贷方，会计分录如下：

借：应付账款－东方公司 200 000

贷：银行存款 200 000

例 5-49 企业归还一笔短期借款，本金为 120 000 元，利息为 2 400 元，假设因为利息金额较小，企业没有按月预提该短期借款的利息。

这项经济业务，一方面使企业负债中的短期借款减少，应记入“短期借款”账户的借方，利息没有预提，付息时一次性计入财务费用，记入“财务费用”账户的借方；另一方面使企业资产中的银行存款减少，记入“银行存款”账户的贷方，会计分录如下：

借：短期借款 120 000

财务费用 2 400

贷：银行存款 142 400

（二）上交税金的核算

企业应按照税法的有关要求，正确计算应交税金，及时足额上交，不得偷税、漏税，不得无故不交，拖延交纳，对于延迟交纳税金的，税务机关将按有关规定加收滞纳金。企业交纳各项税金时，应借记“应交税费”各明细账户，贷记“银行存款”账户。

例 5-50 月末以银行存款交纳营业税 12 000 元。

这项经济业务，一方面使企业负债中的应交税金减少，应记入“应交税费——应交营业税”账户的借方，另一方面使企业资产中的银行存款减少，记入“银行存款”账户的贷方，会计分录如下：

借：　应交税费——应交营业税 12 000

　　贷：　银行存款 12 000

例 5-51 企业以银行存款交纳本月增值税 10 000 元。

交纳本月的应交增值税，应记入“应交税费——应交增值税（已交税金）”账户的借方，另一方面使企业资产中的银行存款减少，记入“银行存款”账户的贷方，会计分录如下：

借：　应交税费——应交增值税（已交税金）　10 000

　　贷：　银行存款 10 000

（三）　利润分配的核算

企业实现的净利润，应按照国家的规定和股东大会或投资者的决议进行分配。企业当年实现的净利润，首先用于弥补以前年度亏损，剩余部分，应按照下列顺序进行分配：　一是提取法定盈余公积金和法定公益金，公司制企业的法定盈余公积金应按净利润（减弥补以前年度亏损）的 10% 比例提取，法定盈余公积金累计额已达注册资本的 50% 时可以不再提取；二是向投资者分配利润或股利，企业实现的净利润扣除上述项目后，加上以前年度未分配的利润，构成可供投资者分配的利润。向投资者分配利润的顺序是：首先支付优先股股利，其次提取任意盈余公积，再支付普通股股利。经过上述分配后，其余额为企业的未分配利润，是所有者权益的组成部分。未分配利润可留待以后年度进行分配。

年度终了，企业将当年实现的净利润从“本年利润”账户转入“利润分配——未分配利润”账户，如企业当年实现盈利，借记“本年利润”账户，贷记“利润分配——未分配利润”账户；如企业当年发生亏损，借记“利润分配——未分配利润”账户，贷记“本年利润”账户。

提取法定盈余公积，向投资者分配利润时，借记“利润分配——提取法定盈余公积”和“利润分配——应付普通股股利”明细账户，贷记“盈余公积”、“应付股利”账户。年度终了，还应将“利润分配”账户所属的“提取法定盈余公积”和“应付普通股股利”等明细账户的余额转入“未分配利润”明细账户，结转后，“利润分配”账户所属的其他明细账户无余额，“未分配利润”明细账户的余额即为“利润分配”总账账户的余额。“利润分配——未分配利润”账户，如为借方余额表示未弥补的亏损，如为贷方余额表示未分配的利润。

例 5-52 年末，企业将本年实现的净利润 246 028.69 元转入“利润分配”账户。

“本年利润”账户年内各月的余额表示当年实现的净利润或亏损的累计数，年度终了，应将“本年利润”账户的余额转入“利润分配——未分配利润”账户，结转后“本年利润”账户年末无余额。这项经济业务，应记入“本年利润”账户的借方，同时企业可供分配的利润增加，应记入“利润分配——未分配利润”账户的贷方。会计分录如下：

借：本年利润 246 028.69

贷：利润分配——未分配利润 246 028.69

例 5-53 若企业全年实现净利润为 246 028.69 元，按净利润的10%提取法定盈余公积。

利润分配是所有者权益的减少，应记入“利润分配”账户的借方，提取盈余公积，是所有者权益的增加，应记入“盈余公积”账户的贷方。会计分录如下：

借：利润分配——提取法定盈余公积 24 602.87

贷：盈余公积——法定盈余公积 24 602.87

例5-54 年末，按董事会决议，宣布决定向投资者分配股利50 000元。

利润分配是所有者权益的减少，应记入“利润分配”账户的借方，向投资者分配的利润，在宣布分配时，尚未支付，应付未付利润使企业的负债增加，应记入“应付股利”账户的贷方。会计分录如下：

借：利润分配——应付普通股股利 50 000

贷：应付股利 50 000

例5-55 将本年已分配利润转入“利润分配——未分配利润”明细账户。

年度结账时，应将“利润分配”账户的各明细账户的余额转入“利润分配——未分配利润”明细账户，借记“利润分配——未分配利润”，贷记“利润分配”账户的其他明细账户。结转后，除“利润分配——未分配利润”明细账户有余额外，其他明细账户均无余额。会计分录如下：

借：利润分配——未分配利润 74 602.87

贷：利润分配——提取法定盈余公积 24 602.87

——应付利润 50 000

第六章 会计凭证

第一节 会计凭证的意义和分类

一、会计凭证的意义

会计凭证就是记录经济业务，明确经济责任，具有法律效力，作为记账依据的书面证明。在会计工作中，账簿记录必须以真实的会计凭证为依据。

会计凭证是记录经济业务的发生和完成情况，明确经济责任，作为记账依据的书面证明。填制和取得会计凭证是会计工作的起点和基础。任何会计主体在经济业务发生时，都要填制或取得一定的会计凭证，详细记录该项经济业务的内容，并由有关经办人员在会计凭证上签名或盖章，以明确经济责任。只有经过有关人员审核无误的会计凭证，才可以作为记账的依据。因此，填制和审核会计凭证，对于如实反映经济业务的内容，保证账簿记录的真实性和可靠性，有效监督和控制经济业务的合法性和可靠性，为会计信息的使用者提供真实可靠、相关有用的会计信息，具有重要的意义。

填制和审核会计凭证的意义，可以从以下三方面来理解：

1. 记录经济业务，提供记账依据

会计凭证是登记账簿的依据，会计凭证所记录的有关信息是否真实、可靠、及时，对于能否保证信息质量，产生至关重要的影响。

2. 明确经济责任，强化内部控制

任何会计凭证除记录有关经济业务的基本内容外，还必须由有关部门和人员签章，对会计凭证所记录经济业务的真实性、完整性、合法性负责，以防止舞弊行为，强化内部控制。

3. 监督经济活动，控制经济运行

通过会计凭证的审核，可以查明每一项经济业务是否符合国家有关法律、法规和制度的规定，符合计划、预算进度，是否有违法乱纪、铺张浪费行为等。对于查出的问题，应积极采取措施予以纠正，实现对经济活动的事中控制，保证经济活动健康运行。

二、会计凭证的分类

会计凭证的种类很多，可以按照不同的标准予以分类，其最基本的方法是按照填制的程序和用途分类。按填制程序和用途，会计凭证可以分为原始凭证和记账凭证两大类。

（一）原始凭证

原始凭证又称单据，是在经济业务发生或完成时取得或填制的，用以记录或证明经济业务具体内容和完成情况的书面证明，是进行会计核算的原始资料和重要依据。原始凭证的种类、格式多种多样，可以按照不同的标准进行分类。

1. 原始凭证按其来源不同，可分为外来原始凭证和自制原始凭证

（1）外来原始凭证。它是指在经济业务活动发生或完成时，从其他单位或个人直接取得的原始凭证。例如，购货时从供应单位取得的增值税专用发票，归还欠款时由收款单位或个人开来的收据，出

差乘坐交通工具时留存的车票、飞机票等。

（2） 自制原始凭证。它是指由本单位有关业务经办人员在发生经济业务时，自行填制的原始凭证。

例如，材料验收入库时填制的收料单，生产领料时填制的领料单、产品完工入库时填制的产品入库单等。

2. 原始凭证按其填制方法不同，可分为一次原始凭证、累计原始凭证、汇总原始凭证和记账编制凭证

（1） 一次原始凭证。它是指对一项或若干项同类经济业务，在发生或完成时一次填制完成的原始凭证。所有的外来原始凭证和绝大多数的自制原始凭证都属于一次原始凭证，如发货票、收料单、领料单、产品入库单和借款单等。一次原始凭证是一次有效的凭证。

（2） 累计原始凭证。它是指在一定时期内，连续多次记载不断重复发生的同类经济业务，定期根据其累计数作为记账依据的原始凭证。累计原始凭证是随着经济业务的发生而分次登记使用的，可以减少凭证张数，简化填制手续；同时，也可以随时计算累计发生数，以便与计划或定额数量进行比较，反映经济业务执行或完成的情况，便于控制管理。限额领料单就是一种具有代表性的累计原始凭证。

（3） 汇总原始凭证。它是指对一定时期内反映经济业务内容相同的若干张原始凭证，按照一定标准综合填制的原始凭证。例如，收料凭证汇总表、发料凭证汇总表、工资结算汇总表和差旅费报销单等。汇总原始凭证合并了同类型经济业务，既可以提供经营管理所需要的总量指标，又可以大大简化核算手续。

（4） 记账编制凭证。它是指根据账簿记录结果和其他有关资料，把某一项经济业务加以归类、整理而重新编制的一种自制原始凭证。例如，月末计提折旧时，编制的固定资产折旧计算表；月末分配制造费用时，编制的制造费用分配表；月末分摊待摊费用时，编制的待摊费用分配表，等等。

3. 原始凭证按适用范围不同，可分为通用原始凭证和单位内部使用原始凭证

（1） 通用原始凭证。它是指由有关部门统一印制、在一定范围内使用的具有统一格式和使用方法的原始凭证。通用凭证的使用范围因制作部门不同而异，可以是某一地区、某一行业，也可以是全国通用。例如，由某省（市）印制的发货票、收据等，在该省（市）通用；由人民银行制作的银行结算凭证，在全国通用等。

（2） 单位内部使用原始凭证。它是指根据单位自身经济业务特点自行设计印制，且仅限于在本单位使用的原始凭证，如领料单、差旅费报销单等。

（二） 记账凭证

由于原始凭证内容广泛、种类繁多、格式不一，不能直接表明应记入会计账户的名称和方向，不适于作为直接登记账簿的依据，为了便于登记账簿和查账，必须填制记账凭证。编制记账凭证，不仅可以减少记账错误，而且便于对账和查账，保证记账工作的质量。我国《会计基础工作规范》规定，会计机构、会计人员要根据审核无误后的原始凭证编制记账凭证。

所谓记账凭证，是指会计人员根据审核无误的原始凭证或原始凭证汇总表填制的、用来反映经济业务简要内容、确定会计分录，并直接作为记账依据的会计凭证。记账凭证可以按不同的标志进行分类。

1. 记账凭证按照其格式的不同，可以分为通用记账凭证和专用记账凭证

（1） 通用记账凭证。它是指凭证格式具有通用性，可以记录各种经济业务的记账凭证。这种凭证适用于规模小、经济业务较简单、收付款业务较少的经济单位。

例 6-1 惠民公司以银行存款向市电视台支付电视广告费 10 000 元。根据广告业专用发票和银行结算凭证编制通用记账凭证。

（2） 专用记账凭证。它是指格式适用特定业务种类的记账凭证。专用记账凭证按照其反映经济业务内容的不同，又可以分为收款凭证、付款凭证和凭证。

① 收款凭证。它是用来记录现金和银行存款收款业务的记账凭证。它是根据现金和银行存款收款业务的原始凭证填制的。

例 6-2 惠民公司销售 HR5180 型机床 10 台，货款 100 000 元，增值税额 17 000 元，款项已全部收到存入银行，根据销售发票和银行结算凭证编制收款凭证。

② 付款凭证。它是用来记录现金和银行存款付款业务的记账凭证。它是根据现金和银行存款付款业务的原始凭证填制的。

例 6-3 惠民公司以现金支付业务招待费 860 元，根据餐饮服务业专用发票编制付款凭证。

对于涉及现金和银行存款之间相互划转的经济业务，如从银行提取现金，或将现金存入银行，在编制记账凭证时，一般只编制付款凭证，而不编制收款凭证，这样既可避免重复过账，又可加强对付款的审核与检查。

③ 转账凭证。它是用来记录不涉及现金和银行存款业务收付业务的转账业务的记账凭证，它是根据有关转账业务的原始凭证填制的，其格式与通用记账凭证基本相同。

例 6-4 外购材料电解铜板 #2 已验收入库，结转其实际采购成本。根据收料单，编制转账凭证。

使用专用记账凭证，有利于对不同经济业务进行分类管理，有利于经济业务的检查，但工作量较大，适用于规模较大、收付款业务较多的单位。在实际工作中，为了便于识别及减少差错，往往采用不同颜色分别印制。

2. 记账凭证按其填制方式的不同，可分为复式记账凭证和单式记账凭证

（1） 复式记账凭证。它是指在一张记账凭证上完整地反映一项经济业务的记账凭证。这种记账凭证有利于经济业务的全貌，便于查账，同时减少编制记账凭证的工作量，减少记账凭证的数量。缺点是，在手工会计条件下，不便于分工记账和汇总。前述各种记账凭证均属于复式记账凭证。

（2） 单式记账凭证。它是指将一项经济业务所涉及的账户，按照每个账户分别单独填制的记账凭证，而对应账户的名称仅供参

考，不据以记账。单式记账凭证将一项经济业务所涉及的会计科目及其对应关系，通过借项记账凭证和贷项记账凭证分别予以反映，所以单式记账凭证又称单项记账凭证。由于单式记账凭证中每个凭证只反映一个记账科目，因而便于进行汇总，也便于记账分工。在手工会计方式下，单式记账凭证对于业务量大、会计部门分工较细的单位可以提供方便。其缺点是不便于反映经济业务的全貌及其会计科目上的对应关系，同时编制记账凭证的工作量大，出现差错不易查找。

例 6-5 惠民公司以银行存款支付厂部电话费 1 000 元，根据电信服务业专用发票和银行结算凭证编制单式记账凭证。

3. 记账凭证按照其内容不同，可分为单一记账凭证、汇总记账凭证和记账凭证汇总表等

（1） 单一记账凭证。它是指只包括一笔会计分录的记账凭证。前面的专用记账凭证和通用记账凭证等复式记账凭证，以及单式记账凭证均属于单一记账凭证。

（2） 汇总记账凭证。它是指根据许多同类的单一记账凭证定期加以汇总而另外编制的记账凭证，目的是简化登记总分类账的手续。汇总记账凭证，也可按其反映经济业务的内容不同，分为汇总收款凭证、汇总付款凭证和汇总转账凭证三类。

① 汇总收款凭证。它是根据收款凭证分别按现金和银行存款账户的借方设置，并按对应的贷方账户归类汇总。

② 汇总付款凭证。它是根据付款凭证分别按现金和银行存款账户的贷方设置，并按对应的借方账户归类汇总。

③汇总转账凭证。它是根据转账凭证按账户的贷方设置，并按对应的借方账户归类汇总。

（3） 记账凭证汇总表（亦称账户汇总表、科目汇总表）。它是指将一定时期内所有的单一记账凭证定期加以汇总而另外编制的记账凭证。其目的也是简化登记总分类账的手续。它实质上也是一种汇总记账凭证，不过汇总的方法与汇总记账凭证有所不同。在大中型企业中，由于经济业务、事项繁多复杂，为了简化登记总分类账的手续，可以在月中分数次把记账凭证进行汇总，编制汇总记账凭证或记账凭证汇总表，然后据以登记总分类账。原始凭证和记账凭证同属于会计凭证，但两者存在着以下差别：

填制人员不同。原始凭证是由经办人员填制的；记账凭证一律由会计人员填制。

填制时间不同。原始凭证是根据发生或完成的经济业务填制；记账凭证是根据审核后的原始凭证填制。

填制依据不同。原始凭证仅用以记录、证明经济业务已经发生或完成；记账凭证要依据会计科目对已经发生或完成的经济业务进行归类、整理。

填制用途不同。原始凭证是填制记账凭证的依据，记账凭证是登记账簿的依据。

第二节 原始凭证的填制和审核

原始凭证是在经济业务、事项发生时直接取得或编制的，用以记录经济业务、事项具体内容和完成情况的书面证明。它是进行会计核算的原始资料和重要依据。

一、原始凭证的基本内容

由于原始凭证记录的经济业务、事项的内容是多种多样的，所以各种原始凭证的名称、格式和内容的繁简程度也不一样。但是，任何一种原始凭证，都必须客观、真实、完整地记录和反映经济业务的发生、完成情况，都必须明确有关单位和有关人员的责任。为此，原始凭证必须具备以下基本内容：

（1） 原始凭证名称。

（2） 原始凭证日期和编号。

（3） 接受原始凭证单位名称。

（4） 经济业务内容（含数量、单价和金额等）。

（5） 原始凭证填制单位公章。

（6） 有关人员的签名或签章。

（7） 原始凭证的联次及附件。此外，企业、公司、行政事业单位的原始凭证除必须具备上述基本内容外，在实际工作中，各单位可根据经营管理和特殊业务的需要，自行设计和印制适合本单位需要的各种原始凭证。例如，在有些凭证上要注明与该项经济业务有关的合同号码、结算方式、币种、汇率等，以便更加完整地反映经济业务。对于在不同单位经常发生共同性经济业务，有关部门可以制定统一的凭证格式，如税务部门统一印制的增值税专用发票，中国人民银行统一印制的银行转账结算凭证，交通部门统一印制的客运、货运单据等。这样，在全国、某地区或部门对原始凭证实行统一的格式，既便于加强监督管理，又可以节省各基层单位的印刷费用。某些部门统一印制使用的凭证，如车票并不具备上述原始凭证的全部内容，但依据印制发放部门的信用和惯例，这些凭证通常也被认为是合法合规的。

二、原始凭证填制要求

原始凭证是具有效力的证明文件，是进行会计核算的依据，必须认真填制。为了保证原始凭证能够正确、完整、清晰、及时地反映各项经济业务的实际情况，原始凭证的填制，必须符合下列要求：

1. 填制及时，记录真实

经济业务一经发生或完成，应及时填制原始凭证，不得任意拖延，避免事后回忆填制造成差错，贻误工作。必须如实地记录经济业务的真实情况，凭证上填列的日期、业务内容和数字都必须真实可靠，不得弄虚作假，不得匡算、估算和随意填写。从外单位取得的原始凭证如有遗失，应当取得原开出单位盖有公章的证明，并注明原来凭证的号码、金额和内容等，由经办单位会计机构负责人、会计主管人员和单位领导人批准后，才能代替原始凭证。如果确实无法取得证明的，如火车、轮船、飞机票等凭证，由当事人写出详细情况，由经办单位会计机构负责人、会计主管人员和单位领导人批准后可代替原始凭证。

2. 内容完整、手续完备

原始凭证的各项内容必须根据实际情况填写齐全、不得遗漏或随意省略，填制手续要完备。应符合下列要求：

（1） 手续要完备。从外单位取得的原始凭证必须盖有填制单位的公章；从个人取得原始凭证，必须有填制人员的签名或盖章；自制原始凭证必须有经办单位负责人或其指定人员的签名或盖章；对外开出的原始凭证，必须加盖本单位公章；一张原始凭证所列支出需要由几个单位共同负担的，应当按其他单位负担的部分，开给对方原始凭证分割单，进行结算。原始凭证分割单必须具备原始凭证的各项基本内容和费用分摊情况等。

（2） 凡填有大写和小写金额的原始凭证，大写与小写金额必须相符。购买实物的原始凭证必须有验收证明。支付款项的原始凭证必须有收款单位和收款人的收款证明。

（3） 一式几联的原始凭证，应当注明各联的用途，只能以一联作为报销凭证。一式几联的发票和收据，必须用双面复写纸（发票和收据本身具备复写纸功能的除外）套写，并连续编写。作废时应当加盖“作废”戳记，连同存根一直保存，不得撕毁。

（4） 发生销货退回的，除填制退货发票外，还必须有退货验收证明；退款的，必须取得对方的收款收据或者汇款银行的凭证，不得以退货发票代替收据。

（5） 职工因公外出借款凭据，必须附在记账凭证之后，收回借款时，应当另开收据或者还借据副本，不得退还原借款收据。

（6） 经上级有关部门批准的经济业务，应当将批准文件作为原始凭证附件。如果批准文件需要单独归档的，应当在凭证上注明批准机关名称、日期和文件字号。

3. 书写清楚，更正规范

原始凭证只能用蓝色或黑色水笔填写，不准使用圆珠笔和铅笔填写；字迹必须清晰、工整；文字、数字必须书写清楚；错误需要更正时，应采用正确的更正方法。具体要求如下：

（1） 阿拉伯数字应当一个一个地写，不得连笔写。阿拉伯金额数字前面应当书写货币币种符号或者货币名称简写和币种符号，如人民币符号“￥”，美元符号“＄”。币种符号与阿拉伯金额数字之前不得留有空白。凡阿拉伯数字前写有币种符号的，数字后面不再写货币单位。

（2） 所有以元为单位（其他货币种类为货币基本单位，下同）的阿拉伯数字，除表示单价等情况外，一律填写到角分；无角分的，角位和分位可写“00”或符号“—”；有角无分的，分位应当写“0”，不得用符号“—”代替。

（3） 汉字大写数字金额如零、壹、贰、叁、肆、伍、陆、柒、捌、玖、拾、佰、仟、万、亿等，一律用正楷字或者行书体书写，不得用〇、一、二、三、四、五、六、七、八、九、十等简化字代替，不得任意自造简化字。大写金额数字到元或角为止的，在“元”或者“角”字之后应写“整”或者“正”；大写金额数字有分的，分字后面不写“整”或者“正”字。

（4） 大写金额数字前未印有货币名称的，应当加填货币名称，名称与金额数字之间不得留有空白。

（5） 阿拉伯金额数字中间有“0”时，汉字大写金额要写“零”字，如 103 452，汉字大写金额为“人民币壹拾万零叁仟肆佰伍拾贰元整”；阿拉伯数字金额中间连续有几个“0”时，汉字大写金额中可以只写一个“零”字，如 100 052，汉字大写金额为“人民币壹拾万零伍拾贰元整”；阿拉伯数字元位是“0”，或者数字中间连续有几个“0”但角位不是“0”时，汉字大写金额可以只写一个“零”字，也可以不写“零”字，如人民币 100 000.52 元，汉字大写金额可以写成“人民币壹拾万元零伍角贰分”，也可以写成“人民币壹拾万元伍角贰分”。

（6） 填写错误的更正应规范。原始凭证不得随意涂改、刮擦、挖补，否则为无效凭证。原始凭证若有填写错误需要更正时，必须划线更正，将写错的文字或数字，用红线划掉，再将正确的数字或文字写在划线部分的上方，并加盖出具单位和经手人印章。但原始凭证金额有错误，应当由出具单位重开，不得在原始凭证上更正。提交银行的各种结算凭证的大小写一律不得更改，如果填写错误，应加盖“作废”戳记，保存备查，并重新填写。

三、原始凭证的填制方法

1. 一次凭证的填制方法

一次凭证的填制手续是在经济业务发生或完成时由业务经办人

员一次填制完成的，一般只反映一次经济业务，或者同时反映若干项同类性质的经济业务。一次凭证有些是自制的原始凭证，如“收料单”、“领料单”、“制造费用分配表”和“工资结算单”等；有些是外来凭证，如“增值税专用发票”、“铁路托运单”和各种银行结算凭证等。现以“收料单”为例，说明其填制方法。

“收料单”是企业购进材料验收入库时，由仓库保管人员填制的一次性自制原始凭证。企业外购材料，都必须履行验收入库手续，由仓库保管人员根据供应单位开来的发票账单，严格审查验收，对运达的材料质量、数量、规格、型号等认真审核，并按实收数量认真填制“收料单”。“收料单”应一式三联，一联随发票账单一起送交财会部门记账，会计据以作为材料增加核算的依据；一联留仓库，据以登记材料物资明细账（卡）；一联交采购人员存查。

2. 累计凭证的填制方法

累计凭证是在一定时期不断重复地反映同类经济业务的完成情况，它是由经办人员于每次经济业务完成后在同一张凭证上重复填制而成的。下面通过“限额领料单”的填制实例来说明累计凭证的填制方法。

“限额领料单”是由生产、计划部门根据下达的生产任务和材料消耗定额对各用料单位确定一定时期（一般为1个月）的领料限额，然后将领料限额签发在“限额领料单”中，用料单位持“限额领料单”在有效期间内，连续多次使用，直至限额用完为止，才完成全部填制手续。

“限额领料单”一般一料一单，一式两联，其中一联交仓库据以发料，一联交领料部门据以领料。领料单位领料时，在该单内注明请领数量，经负责人签章批准后，持往仓库领料。仓库发料时，根据材料的品名、规格在限额内发料，同时将实发数量及限额结合填写在限额领料单内，并由领、发料双方在单内签章。月末，在此单内结出实发数量和金额转交财会部门，据以归集材料费用，并作材料减少核算。

使用“限额领料单”领料，全月不能超过生产计划部门所下达的全月领用限额。如果因生产任务增加需要追加限额时，应经生产计划部门批准，办理追加限额的手续。如果由于材料浪费或其他原因超限额用料急需追加限额时，应由用料部门向生产计划部门提出追加限额申请，经批准后办理追加限额手续。如果用料部门使用另一种材料代替“限额领料单”内所列材料时，应另填一张“领料单”，同时相应地减少“限额领料单”内的限额结余。

四、原始凭证的审核

为了保证会计资料的真实、准确、完整及符合会计制度的规定，充分发挥会计监督的作用，必须指派专人对原始凭证进行严格审核，只有经审核无误的原始凭证，才能作为记账依据。

《中华人民共和国会计法》第十四条规定：“会计机构、会计人员对不真实、不合法的原始凭证，有权不予接受，并向单位负责人报告；对记载不准确、不完整的原始凭证予以退回，并要求按照国家统一的会计制度的规定更正、补充。”这条规定为会计人员审核原始凭证提供了法律依据。也就是说，对原始凭证的审核，主要从以下四个方面进行：

1. 真实性审核

对原始凭证真实性的审核，就是审查凭证所反映的经济业务是否是其本来面貌，有无被掩盖、歪曲或篡改等情况或迹象。

（1） 经济业务涉及的当事人的真实性审核。经济业务所涉及的双方当事人必须是真实的。包括原始凭证的出具单位和接受单位以及有关的责任人都应当据实不得冒用他人或其他单位之名。

（2） 经济业务发生的时间、地点及凭证填制日期的真实性审核。经济业务发生的时间、地点及凭证的填制日期必须是真实的，不得将业务发生的真实时间随意提前或推后；不得将业务的实际发生地点作人为的改变；也不得改变凭证的实际填制日期。

（3） 经济业务内容的真实性审核。必须如实填写经济业务的内容，是领用材料业务，就应标明领用部门、用途、被领用材料的名称、规格等，不得将福利部门领用的材料填写成生产部门领用材料而挤入产品成本；不得将领用甲材料填写成领用乙材料而调节成本。

（4） 经济业务量的真实性审核。经济业务的量就是经济业务所涉及的数量和金额，要求必须是真实的，不得多填或少填数量，不得压低或抬高单价从而多计或少计金额。

2. 完整性审核

根据原始凭证的要素，逐项审核原始凭证的内容是否完整，原始凭证的各项目是否按规定填写齐全，是否按规定手续办理。对不准确、不完整的原始凭证予以退回，并要求按照国家统一的会计制度的规定更正、补充。对于内容填写不合、手续不完备的凭证，应退还给经办人员补办完整后，才予受理。

3. 合法、合规性审核

根据有关的方针、政策、法规、制度以及计划和合同等，审核原始凭证所记录的经济业务是否合理、合法，是否符合计划、预算的规定；有无违法乱纪的行为，有无弄虚作假、营私舞弊、伪造涂改凭证的现象；各项费用支出是否符合开支范围及开支标准的规定，是否符合增收节支、增产节约、提高经济效益的原则，有无铺张浪费的现象等。

4. 技术性审核

根据原始凭证的填制要求，审核原始凭证的摘要和数字及其他项目是否填写正确、齐全，大小写金额是否相等，原始凭证记录的经济业务是否真实，原始凭证记载的各项内容是否有涂改现象；原始凭证有错误，应当由出具单位重开或者更正，更正处应当加盖出具单位印章。原始凭证金额有错误，应当由出具单位重开，不得在原始凭证上更正。

经审核的原始凭证应根据不同情况处理：

（1） 对于完全符合要求的原始凭证，应及时据以编制记账凭证入账。

（2） 对于真实、合法、合理但内容不够完整、填写有错误的原始凭证，应退回有关经办人员，由其负责将有关凭证补充完整、更正错误或重开后，再办理正式会计手续。

（3） 对于不真实、不合法的原始凭证，会计机构、会计人员有权不予接受，并向单位负责人报告。

原始凭证的审核是一项严肃细致的重要工作，会计人员必须熟悉国家有关法规和制度以及本单位的有关规定，这样，才能掌握审核和判断是非的标准，确定经济业务是否合理、合法，从而做好原始凭证的审核工作，实现正确有效的会计监督。另外，审核人员还必须做好宣传解释工作，因为原始凭证所证明的经济业务需要由有关领导和职工经办，只有对他们做好宣传解释工作，才能避免发生违法违规的经济业务。

第三节 记账凭证的填制和审核

记账凭证是由会计部门根据原始凭证或原始凭证汇总表上的经济业务、事项内容，应用会计科目和复式记账法加以归类填制并直接作为记账依据的凭证。

一、记账凭证的基本内容

记账凭证作为登记账簿的依据，因其所反映经济业务的内容不同，各单位规模大小及其对会计核算繁简程度的要求不同，其格式亦有所不同，但为了满足记账的基本要求，均应具备以下基本内容：

（1） 记账凭证的名称。

（2） 填制记账凭证的日期。

（3） 记账凭证的编号。

（4） 经济业务的内容摘要。

（5） 经济业务所涉及的会计科目（包括一级、二级和明细科目）、记账方向及其金额。

（6） 记账标记。

（7） 所附原始凭证张数。

（8） 会计主管、记账、审核、出纳、制单等有关人员签章。

二、记账凭证的填制要求

为了提高编制记账凭证的质量，发挥记账凭证的作用，记账凭证必须按照规定的格式和内容正确、及时地填制。各种记账凭证除严格按原始凭证的填制要求填制外，还应注意以下填制要求：

1. 必须根据审核无误的原始凭证为依据编制记账凭证

除结账和更正错误的记账凭证可以根据账簿记录填制、不附原始凭证外，其他记账凭证必须根据原始凭证填制。收款凭证和付款凭证是根据收、付款的原始凭证编制的，转账凭证是根据有关转账业务的原始凭证或者是账簿记录编制的。根据账簿记录编制的记账凭证，没有原始凭证。记账凭证可以根据每一张原始凭证填制，或者根据若干张同类原始凭证编制，也可以根据原始凭证汇总表编制。但不得将不同内容和类别的原始凭证编制在一张记账凭证上。

2. 正确确定应使用的记账凭证

采用专用记账凭证的单位，会计人员在接到审核无误的原始凭证后，应根据经济业务的性质，先确定使用收款凭证、付款凭证还是转账凭证。

涉及现金和银行存款之间以及不同的银行存款之间相互划转业务，只填制付款凭证，以避免重复记账。此外，在同一笔经济业务时，既涉及现金（或银行存款）的业务，又涉及转账业务时，应同时编制收款（或付款）凭证和转账凭证。例如，职工出差回来报销差旅费，退还预借的差旅费，则应在编制收款凭证的同时，编制转账凭证。

3. 准确填写记账凭证的日期

一般的记账凭证，应填写填制凭证当天的日期，也可以根据需要填写经济业务发生的日期或月末日期。其中：

（1） 收、付款凭证一般应按现金、银行存款的收、付款日期填写。现金收付款记账凭证应填写现金收付当日的日期。银行存款收付款业务的记账凭证应填写收到银行进账单或银行回执戳记日期，当实际收到进账单的日期与银行戳记日期相隔较远，或次月收到上月银行收付款凭证，可按财会人员实际办理转账业务日期填写。银行付款业务的记账凭证，一般以财会人员开出银行付款凭证的日期或承付的日期填写。

（2） 转账凭证原则上按其填制的日期填写。月终转账业务，应按月末日期填写，如财会人员自制的计提和分配费用等转账业务的记账凭证，应当填写当月最后一天的日期。

4. 正确对记账凭证进行连续编号

记账凭证应按业务发生顺序，按不同种类的记账凭证连续编号。编号的方法有两种：

（1） 顺序编号法。即将全部记账凭证作为一类统一编号，每月从第一号记账凭证起，按经济业务发生的顺序，依次编号。

（2） 分类编号法。即按经济业务的内容加以分类，采用收字、付字、转字编号或采用现收字、现付字、银收字、银付字和转字五类编号。

若一笔经济业务事项需要填制两张或两张以上记账凭证的，应编写分号，即在原编记账凭证号码后面用分数的形式表示。例如，某企业采用三类编号的记账凭证，× 月 × 日发生一笔转账业务需要填制三张记账凭证，凭证的顺序号为 10 时，则这笔经济业务所凭证的编号应分别是： 转字 10 1/3、转字 10 2/3、转字 10 3/3。

当月记账凭证的编号，可以在填写记账凭证的当日填写，也可以在月末或装订凭证时填写，但应在月末最后一张记账凭证编号的旁边加注“全”字，以免凭证丢失造成汇总、对账困难或错误。记账凭证无论是统一编号还是分类编号，均应分月份按自然数字顺序连续编号。通常，一张记账凭证编一个号，不得跳号、重号。为避免记账凭证编号发生错误、漏编或重编，可以使用记账凭证销号单，根据已编制的记账凭证顺序销号。

5. 认真填写摘要

记账凭证的摘要栏是指对经济业务内容所作的简要说明，又是登记账簿的重要依据。因此，填写摘要时必须针对不同性质的经济业务的特点，考虑到登记账簿的需要，正确认真地填写，不可漏填或错填。在记账凭证的“摘要”栏内，简明扼要地写清楚经济业务内容的要点，文字要简练概括，以便于查阅凭证和登记账簿。

6. 正确使用会计科目、编制会计分录

确定应借、应贷的会计科目及其金额，即编制会计分录，是编制记账凭证的最基本内容。

（1） 会计科目的确定。

首先，根据经济业务的具体内容，正确运用会计科目，并填写会计科目的全称，不得简写或只写科目编号而不写名称。要写明一级科目、二级科目甚至三级科目，以便登记总分类账和明细分类账。

其次，保持会计科目对应关系的清晰性，一般一个科目只能同一个科目或几个科目相对应，即保持一借一贷、一借多贷或多借一贷的对应关系，不要编制多借多贷的会计分录。这并不排斥在特殊情况下采用多借多贷的对应关系形式，以完整反映某一项经济业务的全貌。

例如，东海公司向川江公司购入甲材料 10 吨，每吨 10 000 元，共计买价 100 000 元；应付增值税进项税额 17 000 元；上述款项共计 117 000 元。东海公司已从银行存款中支付 50 000 元，余款尚未支付。该项经济业务发生后，应编制会计分录如下：

借： 材料采购——甲材料 100 000

应交税费——应交增值税（进项税额） 17 000

贷： 银行存款 50 000

应付账款——川江公司 67 000

最后，应强调的是，一张记账凭证只能反映一项经济业务，不得将不同的内容、不同类型的经济业务合并编制会计分录，填写在一张记账凭证上，以至于分不清经济业务的具体内容及其来龙去脉，给记账、查账带来困难。

（2） 金额的填写。

首先，保证记账凭证填列的金额必须与原始凭证上的金额相符。

其次，在填写金额数字时书写要规范，应平行对准借贷栏次和科目栏次，防止错栏串行；金额数字要填写到分位，如果角位、分位没有数字的，则要写上“00”字样，如155.00元；如果角位有数字，而分位没有数字的，则要在分位上写上“0”字样，如155.50元。

再次，每笔经济业务填入金额后，要在记账凭证的合计行填写合计金额；一笔经济业务因涉及会计科目较多需在一张记账凭证上填写多行或填写多张记账凭证的，一般在每张记账凭证的合计行填写合计金额，并应在合计数前面填写货币符号“￥”。不是合计数，则不填写货币符号。

最后，对记账凭证金额栏的空行，应该划斜线或一条“S”形线注销。划线应从金额栏最后一笔金额数字下的空行划到合计数行上面的空行，要注意斜线两端都不能划到金额数字的行次上。

7. 附件数量完整

除期末结账和更正错误的记账凭证可以不附原始凭证外，其他记账凭证必须附有原始凭证，并在记账凭证的“附原始凭证 张”栏内，应标明记账凭证原始凭证的张数。如果一张原始凭证涉及几张记账凭证，可以把原始凭证附在一张主要的记账凭证后面，并在其他记账凭证上注明附有该原始凭证的记账凭证的编号或者附原始凭证复印件。

8. 相关人员的签章应齐全

记账凭证上必须有填制人员、审核人员、记账人员和会计主管的签章。对收款凭证和付款凭证，必须先审核后办理收付款业务。出纳人员应在有关凭证上签章，以明确经济责任。对已办妥收款或付款的凭证和所附的原始凭证，出纳人员要当即加盖“收讫”或“付讫”戳记，以免重收、重付。

9. 若记账凭证填制错误，则应当重新填制

已经登记入账的记账凭证，在当年内发现填写错误的，可以用红字填写一张与原内容相同的记账凭证，在摘要栏注明“注销某月某日某号凭证”字样，同时再用蓝字重新编制一张正确的记账凭证。如果会计科目没有错误，只是金额错误，也可以将正确数字与错误数字之间的差额，另编一张调整的记账凭证，调增金额用蓝字，调减金额用红字。发现以前年度记账凭证有错误的，应当用蓝字填制一张更正的记账凭证。

三、记账凭证的填制方法

对每项经济业务，都要根据审核无误的原始凭证，采用复式记账的方法，按照各种记账凭证的格式和基本内容，遵循记账凭证填制的基本要求正确地填写记账凭证。下面分别说明各种记账凭证的填制方法：

1. 收款凭证的填制方法

收款凭证是用来记录货币资金收款业务的凭证，它是根据审核无误的有关现金和银行存款收款业务的原始凭证填制的。

在借贷记账法下，收款凭证的设置科目是借方科目，在收款凭证左上方所列的“借方科目”应填列“库存现金”或“银行存款”科目；收款凭证上方的年、月、日应按编制凭证的日期填写；右上方为记账凭证编号，应按顺序编写，不得漏号、重号、错号，一般每月重编一次。“摘要”栏内填写对所记录的经济业务的简要说明。“贷方科目”栏内应填写“银行存款”或“现金”科目的对应科目，为了便于登记各种总账和明细账，在此栏中应注明一级科目、二级科目和明细科目。“记账”栏应注明记入分类账或日记账的页码，或以“√”代替，表示已经记账。在金额栏按规定的位数填写该项经济业务的发生额。“附单据 张”栏填写记账凭证所附原始凭证张数。“合计”栏填列各项目金额之和，表明借贷双方的记账金额。收款凭证下面分别由会计主管、记账、稽核、制单等人员签章，以明确经济责任。

2. 付款凭证的填制方法

付款凭证是用来记录货币资金付款业务的记账凭证。它是根据审核无误的有关现金或银行存款付款业务的原始凭证填制的。

付款凭证格式与收款凭证有两个栏次的内容不同的，即付款凭证左上方应填列“贷方科目”；凭证内第二栏应填列与付出现金或银行存款相对应的一级科目和二级明细科目。除此之外，其填制方法与收款凭证基本相同。

在实际工作中，收款业务应编制收款凭证；付款业务应编制付款凭证。但对于涉及现金和银行存款之间的划转业务，为了避免重复记账或漏记账，只填制一张付款凭证，不再填制收款凭证，记账时，根据“借方科目”和“贷方科目”分别登记入账。例如，将现金存入银行，根据经济业务的原始凭证，只填制一张现金付款凭证，不再填制银行存款收款凭证；相反，从银行提取现金，根据有关原始凭证，只填制一张银行存款付款凭证，不再填制现金收款凭证。这种方法不仅可以减少记账凭证的编制数量，而且可以避免重复记账。

收款凭证和付款凭证，既是登记现金日记账、银行存款日记账、明细账和总账等有关账簿的依据，也是出纳人员收付款项的依据。出纳人员不能仅依据收付款原始凭证收付款项，而是必须根据由会计主管人员或其指定人员审核盖章后的收款凭证和付款凭证办理收付款项。出纳人员根据收付款凭证收付款时，要在凭证上加盖“收讫”或“付讫”的戳记，以免重收或重付，防止差错。

3. 转账凭证的填制方法

转账凭证是用来记录与货币资金收付无关的经济业务的记账凭证，它是根据不涉及现金和银行存款收付的有关转账业务的原始凭证填制的。

转账凭证的格式与收款、付款凭证不同，它将经济业务所涉及的会计科目全部填列在凭证内，不设主体科目栏。“会计科目”栏应分别填列应借、应贷的一级科目和二级明细科目，借方科目在先，贷方科目在后。相应的金额栏内填列应借科目的“借方金额”和应贷科目的“贷方金额”。“借方金额”合计数与“贷方金额”合计数相等。编制时，必须划清科目性质，不能相互混淆。其他栏次的填列方法与收、付款凭证基本相同。

4. 通用凭证的填制方法

通用记账凭证是用来记录各项经济业务的记账凭证，它是根据审核无误的有关原始凭证填制的。其填制的方法与转账凭证的填制方法基本相同，这里不再重复。不同的是，在凭证的编号上，采用按照发生经济业务的先后顺序编号的方法。对于一笔经济业务涉及两张以上记账凭证时，应当采取分数编号法。

5. 单式记账凭证的填制方法

单式记账凭证又称单科目记账凭证，它是由会计人员根据审核无误的原始凭证编制的。

单式记账凭证按一项经济业务所涉及的每个会计科目单独编制一张记账凭证，每一张记账凭证中只登记一个会计科目，单式记账凭证为单独反映每项经济业务所涉及的会计科目及其对应关系，又分设“借项记账凭证”和“贷项记账凭证”。在实际工作中，已很少有单位采用这种方法编制记账凭证。

6. 汇总记账凭证的填制方法

记账凭证是登记各种账簿的依据，在大中型企业中，由于经济业务、事项繁多复杂，为了简化登记总分类账的手续，可以根据企业业务量的大小及企业核算和管理的要求，在月末一次或月中定期（如5天、10天、15天）分数次把记账凭证进行汇总，编制汇总记账凭证或记账凭证汇总表，然后据以登记总分类账。

（1） 汇总收款凭证。是按照借方科目，即“库存现金”或“银行存款”科目来设置，凭证内按“库存现金”或“银行存款”所对应的贷方科目来，然后根据汇总后的金额登记总账。登记总分类账时，应根据汇总收款凭证上的合计数，记入“库存现金”或“银行存款”总分类账户的借方，根据收款凭证内各贷方科目的合计数分别记入有关总分类账户的贷方。

（2） 汇总付款凭证。是将现金或银行存款的付款凭证，按贷方科目设置，分别按借方科目归类，定期汇总，然后根据汇总后的金额登记总账。登记总分类账时，应根据汇总付款凭证上的合计数，记入“库存现金”或“银行存款”总分类账户的贷方，根据汇总收款凭证内各借方科目的合计数分别记入有关总分类账户的借方。

（3） 汇总转账凭证。是按照贷方科目，如“原材料”、“产成品”等来设置，按其对应的借方科目来汇总，然后根据汇总后的金额入账。为了便于汇总，对转账凭证的对应关系，要求保持一借一贷或一贷多借，而不宜采用一借多贷。转账凭证在编制时，最好复写两联，一联作为借方账户的转账凭证，另一联作为贷方账户的转账凭证，也可采用单式记账凭证，即分别将借方和贷方账户各编制一张转账凭证。

（4） 记账凭证汇总表（科目汇总表）。是根据一定时期内的全部记账凭证，按照每一科目的借方、贷方本期发生额分别汇总，将汇总后每一科目的借方发生额、贷方发生额填列在一张科目汇总表上，反映全部账户的借方本期发生额和贷方本期发生额，而且借、贷方本期发生额“合计”栏应相等。

为了便于编制记账凭证汇总表，所有记账凭证的账户对应关系最好保持一借一贷。转账凭证在编制时，最好复写两联，一联作为借方账户的转账凭证，另一联作为贷方账户的转账凭证，也可采用单式记账凭证，即分别将借方和贷方账户各编制一张转账凭证。这样，既可以简化汇总的手续，也可减少差错。

上述各种汇总记账凭证，在经济业务较少、种类记账凭证不多的情况下，可将记账凭证按总账账户的金额直接相加，编制汇总记账凭证；在经济业务较多、各类记账凭证很多的情况下，为方便汇总、避免汇总过程的差错，可以采用汇总底表或丁字账方式，先将各张凭证按总分类账户记入汇总底表或丁字账内，加总金额，经试算确定借方发生额与贷方发生额相等后，再编制汇总凭证。

例 6-6 黄海公司 2008 年 7 月发生以下经济业务：

（1） 1 日从银行借款 60 000 元。

（2） 2 日购入材料一批，已验收入库，由银行存款支付 45 600 元。

（3） 3 日李明出差借款 1 680 元。

（4） 4 日购买办公用品 600 元由银行存款支付。

（5） 5 日产品生产领用材料 62 400 元。

（6） 6 日购入材料一批 52 200 元，材料已验收入库，款项未付。

（7） 7 日销售产品一批，通过银行收款 190 200 元。

（8） 8 日归还银行借款 96 000 元。

（9） 9 日从银行提取现金，支付工资 33 600 元，其中工人工资 24 000 元，车间管理人员工资 1 200 元，企业管理人员工资 8 400 元。

（10） 11 日按工资总额 14% 提取职工福利费。（注： 若实际借用后有余额，年末应冲销）

（11） 12 日从银行提取现金 2 400 元。

（12） 13 日销售价值 9 000 元的产品一批，未收款。

（13） 15 日归还 6 日材料欠款 52 200 元。

（14） 16 日李明报销差旅费 1 500 元，余款交回。

（15） 27 日通过银行支付本月水电费 4 800 元，其中车间用 3 600 元，企业厂部用 1 200 元。

（16） 29 日产品生产领用材料 105 600 元。

（17） 30 日提取本月折旧费 4 560 元，其中车间 3 360 元，厂部 1 200 元。

（18） 31 日结转本月工资费用。

（19） 31 日结转本月制造费用。

（20） 31 日结转本月产品成本 156 000 元。

（21） 31 日按销售收入的税率 5% 交本月销售税金。

（22） 31 日结转本月销售成本 160 800 元。

（23） 31 日结转本月销售收入。

（24） 31 日将本月销售成本、管理费用、财务费用和销售税金转入本年利润。

如该公司使用收、付、转三种记账凭证，根据前五笔经济业务编制记账凭证如下：记账凭证呢？若该公司为了简化登记总分类账的手续，按月对记账凭证进行汇总，编制科目汇总表，然后据以登记总分类账。

四、记账凭证的审核

为了保证记账凭证的编制质量，正确登记账簿，必须对记账凭证严肃认真地审核，只有经审核无误后的记账凭证，才能作为记账的依据。记账凭证的审核包括以下三项内容：

（1） 合规性审核。根据会计准则、会计制度等会计法规的规定，审核记账凭证所确定的会计分录是否合规、合法。这就要求审核人员必须根据记账凭证所附原始凭证的经济内容，按照会计核算方法的要求，审核会计分录的编制（主要是确定的会计科目及其金额）是否准确无误，同时审核记账凭证是否附有审核无误的原始凭证，所附原始凭证的张数及内容是否与记账凭证一致。

（2） 完整性审核。根据记账凭证的要素，逐项审核记账凭证的内容是否按规定要求填制完整无缺，各项目是否按规定填写齐全并按规定手续办理。

（3） 技术性审核。根据记账凭证的填制要求，审核记账凭证的摘要、应借、应贷会计科目及金额以及账户对应关系是否清晰、完整，核算内容是否符合会计制度和会计政策的要求。

在审核中若发现差错，应查明原因予以重填或予以更正，并由更正人员在更正处签章。

第四节 会计凭证的传递与保管

一、会计凭证的传递

会计凭证既是会计工作的基础，又是办理经济业务的依据。为了充分发挥会计凭证的作用，必须组织好会计凭证传递。会计凭证的传递是指从会计凭证的填制或取得开始，经过稽核、记账、装订到归档保管为止的过程中，在单位内部有关部门和人员之间按照规定时间和路线进行传送的手续。主要涉及传递程序和传递时间两方面内容。会计凭证的传递，要求能够满足内部控制制度的要求，使传递程序合理有效，同时尽量节约传递时间，减少传递的工作量。由于企业生产组织特点不同、经济业务的内容不同和管理要求不同，会计凭证的传递也有所不同。会计凭证的传递是否科学、合理、有效，对加强企业管理、提高会计信息质量具有十分重要的影响。

科学、合理、有效的传递程序，应使会计凭证沿着最短的线路，以最快的速度流转。在设计会计凭证传递程序时，应遵循的一般原则是：

（1） 合理确定会计凭证传递应经过的环节。各单位应根据经营规模、行业特点、经济业务特点、内部机构组织和人员分工情况以及经营管理的需要等，规定各种会计凭证的联数和所经过的必要环节，既要保证有关部门能对经济业务进行审核和处理，又要尽可能减少不必要的环节和手续，以免影响速度和工作进程。

（2） 合理确定会计凭证在各环节停留的时间。各单位要根据各环节办理手续所必需的时间，规定凭证在各环节停留的合理时间，以确保凭证的及时传递。此外，所有会计凭证的传递必须在报告期内完成，不允许跨期，以免影响会计核算的及时性和真实性。

（3） 加强会计凭证传递的管理。会计凭证传递涉及单位内部各个部门和环节。因此，它要求会计部门与有关部门和人员共同协调，统一建立凭证传递制度；将若干主要业务的会计凭证传递程序、路线和时间绘制成流程图；监督各部门和人员遵守执行，使凭证传递工作有条不紊、迅速而有效地进行。

二、会计凭证保管

会计凭证既是记录经济业务、明确经济责任的书面证明，又是记账的依据，所以，它是会计核算的重要经济档案和历史资料。各单位在完成经济业务手续和记账之后，必须按规定妥善保管会计凭证，以便本单位随时抽查利用，同时便于上级有关部门进行凭证检查。会计凭证的保管原则是： 既要保护凭证的安全完整，又要便于日后随时查阅，实现科学管理。会计凭证保管的主要方法和要求如下：

（1） 对于各种记账凭证在登记账簿以后，每月将其和所附原始凭证或者原始凭证汇总表一起加以整理，检查有无缺号和附件是否齐全。然后，按照编号顺序折叠整齐、定期（每天、每旬或每月）装订成册，并加具封面，在封面上注明单位名称、所属年度、月份和起讫日期，记账凭证种类、张数和起讫号码，并由装订人在装订线封签处签名或盖章。

（2） 对于数量过多的原始凭证，如收、发料单，可以单独装订成册，在封面上注明记账日期、编号、种类，同时在记账凭证上注明“附件另订”字样和原始凭证名称和编号。

（3） 各种重要的原始凭证，如经济合同、存出保证金收据以及涉外文件等，应另编目录，单独登记保管，并在有关记账凭证和原始凭证上相应注明日期和编号。

（4） 装订成册的原始凭证不得外借，应指定专人负责、集中保管，如其他单位因特殊需要使用原始凭证时，经批准，可以复制。向外单位提供的原始凭证复印件，应在专设的登记簿上登记，并由提供人员和收取人员共同签名或盖章。

（5） 从外单位得到的原始凭证如有遗失，应将原签发单位盖有公章的证明，注明原来凭证的号码、金额和内容等，并由经办单位负责人批准后，方可代作原始凭证。

（6） 会计凭证的保管期限和销毁，必须严格执行会计档案保管的规定，任何人不得随意销毁。年度终了后，可暂由财会部门保管一年，期满后应由财会部门编造清册移交本单位的档案部门保管。保管时，要防止弄脏、霉烂以及鼠咬虫蛀等。

按《会计档案管理办法》规定，原始凭证、记账凭证和汇总凭证的保管期限为15年，从会计年度终了后的第一天算起；银行存款余额调节表为5年。期满后由本单位档案部门提出，会同财会部门鉴定，严格审查后编造会计档案销毁清册。机关、团体和事业单位，报经本单位领导批准后销毁；国有企业经企业领导审查，报经上级主管部门批准后销毁。任何单位不得随意自行销毁会计凭证。其中，对于重要的会计凭证须长期保存，如涉及外事和对私改造的会计凭证，按规定作为永久性保存的档案保存；对于期满而未了结的债权债务方面的原始凭证和涉及其他未了结事项的原始凭证，应单独抽出立卷，不得销毁，保存到未了结事项了结为止；建设单位在建设期间的会计档案，不得销毁。

第七章 会计账簿

第一节 账簿的意义和分类

账簿是由具有一定格式、相互联系的若干账页所组成的，以审核无误的会计凭证为依据，用以全面、系统、序时、分类地登记经济业务的簿籍。在会计核算过程中，对发生的每一项经济业务，都要取得并填制会计凭证，以保证经济业务的可查证性。而用凭证和账户反映和记录经济业务都很分散，不便于查找，易丢失或破损。因此，需要根据审核无误的会计凭证，按一定的记账方法在账簿中将会计凭证所记录的经济业务全面、系统、连续地按类别进行登记。这种在账簿中登记经济业务的过程即为登记账簿，简称记账或过账，它是会计核算的一种专门方法。

一、 账簿的意义

会计账簿简称账簿，从表现形式看，账簿是由若干具有专门格式并相互联结的账页组成的；从反映内容看，账簿所记录的是各个账户的增减变动和结存情况。

如前所述，经济业务发生以后，都要根据经济业务的发生情况填制或取得原始凭证，并根据审核无误的原始凭证编制记账凭证，从而将大量反映在原始凭证中的会计信息，通过专门的会计方法记录到记账凭证中。但是，这种记录在会计凭证中的信息是分散的、不系统的，为了系统、全面地反映各单位经济业务的发生情况，就需要把会计凭证所记录的分散、零星的会计信息，通过归类、整理，将其登记到相应的账簿中，使之集中化、系统化和条理化，这就需要利用设置和登记会计账簿来加以完成。而账簿资料又是后续编制会计报表的基础，因此，科学地设置和正确地登记账簿，对于完成会计工作的任务，有着非常重要的意义，主要表现在如下几个方面：

1. 会计账簿可以为企业的经济管理提供系统、全面的会计信息

通过设置和登记账簿，可以对经济业务进行或分类的核算，将大量的、分散的数据或资料加以归类整理，逐步加工为有用的会计信息。全面、系统地提供有关企业成本费用、财务状况和经营成果的总括和明细的核算资料，为经营管理提供系统、完整的会计信息。

2. 会计账簿可以为定期编制会计报表提供数据资料

会计资料通过账簿进行归类整理以后，就能提供一个单位在一定时期内的资产、负债、所有者权益的增减变化和结存情况，以及收入、

费用、利润及其分配等的经营情况。若将这些日常的账簿核算资料再加以进一步汇总、整理，就可以编制出会计报表。因此，及时、完整、正确的账簿记录为成本计算和定期编制会计报表提供了必不可少的依据。

3. 会计账簿是考核企业经营成果，加强经济核算，分析经济活动情况的重要依据

会计账簿提供的核算资料比会计凭证提供的资料全面系统，又比会计报表提供的信息更具体、丰富。因此，利用会计账簿资料能全面了解企业的财务状况。通过计算费用、成本，能正确地确定企业的经营成果，并通过与预算的比较，考核各种预算的执行及完成情况，为加强经济管理提供了原始数据资料。

4. 会计账簿为财产清查的进行提供依据

通过设置和登记账簿，能够在账簿中连续反映各项财产物资的增减变动及结存情况，并通过财产清查等方法，确定财产物资的实际结存情况，以账簿记录控制实存物资，以保证财产物资的安全完整。

二、 会计账簿的分类

会计账簿的种类多种多样，为了正确认识和使用各种账簿，有必要对账簿按不同的标准进行分类。

（一） 账簿按其用途分类

会计账簿按其用途可分为序时账簿、分类账簿、联合账簿和备查账簿。

1. 序时账簿

它是指按照经济业务发生和完成的时间先后顺序，逐日逐笔进行登记的账簿，又称日记账。这里的时间先后顺序通常是指会计凭证的编号顺序。按照所记录内容的不同，日记账又分为普通日记账和特种日记账。

（1）普通日记账。是用来记录全部经济业务发生情况的日记账。通常是将每天发生的全部经济业务，按发生的时间顺序，编制成记账凭证，根据记账凭证逐笔登记到普通日记账中。由于普通日记账所登记的内容与所有会计分录的内容相平行，所以又称分录簿。企业设置的日记总账就属于普通日记账。由于普通日记账的内容过于繁杂，不利于会计信息的分析和整理，所以只有经济业务较为简单的企业才会设置。

（2）特种日记账。是用来记录某一类经济业务发生情况的日记账，通常是把比较重要、经常发生的经济业务分为大类，各类业务按发生的先后顺序记入相应的日记账簿中，以反映某个特定项目的详细情况；而且，对于每一种特种日记账，都往往根据所记录的内容，专门确定一个名称。常见的特种日记账有现金日记账和银行存款日记账，这是为了加强对货币资金的管理而设置的。现金日记账专门记录现金的收支情况，银行存款日记账专门记录银行存款的收支情况。另外，也可以根据企业经济业务的特点设置其他的特种日记账，如销售日记账、购货日记账等。

2. 分类账簿

它是指按照账户分类记录经济业务的账簿。分类账簿按照反映指标的详细程度划分，分为总分类账簿和明细分类账簿。总分类账簿与明细分类账簿各有其特点，两者相辅相成，互为补充。

（1）总分类账簿。简称总账，是按照总分类科目设置的，用来总括反映某类经济业务内容的账簿，它对明细账具有统驭和控制作用。企业全部的总分类科目（一级科目）都应开设相应的总分类账。

（2）明细分类账簿，简称明细账，是根据总账科目，按其所属明细分类科目设置的，用以分类记录某一类经济业务，提供明细核算资料的分类账簿。它对总分类账具有辅助和补充作用。

3. 联合账簿

在实际工作中，经济业务比较简单、总分类科目为数不多的单位，为了简化记账工作，可以将序时记录和总分类记录结合在一起，在同一账簿中既进行序时登记又进行总分类登记，这种同时具备日记账和总分类账两种用途的账簿称为联合账簿。日记总账就是典型的联合账簿。

4. 备查账簿

备查账簿是对某些在序时账簿和分类账簿中未记录或记录不全的经济业务进行补充登记的账簿，它可以对某些经济业务的内容提供必要的详细参考资料，如应收票据备查簿、应付票据备查簿、委托加工物资登记簿、代管商品物资登记簿、租入固定资产登记簿等。这种账簿属于备查性质的辅助账，与其他账簿之间不存在严密的依存、勾稽关系。它没有固定的格式，可根据实际需要加以设计。

（二）账簿按外表形式分类

会计账簿按其外表形式可分为订本式账簿、活页式账簿、卡片式账簿和磁性媒介质式账簿。

1. 订本式账簿

订本式账簿简称订本账，它是指在启用前就把若干顺序编号的、具有专门格式的账页固定装订成册的账簿。这种账簿的主要优点是能够避免账页散失和防止账页被抽换，能够保证账簿记录的安全与完整。但是由于账页固定，在使用时，必须为每一账户预留账页，可能会出现某些账户预留账页不足，而有些账账户预留账页过多，影响记账的连续性造成浪费；另外，订本账在同一时间只能由一人负责登记，不便于分工。在实际工作中，一些重要的账簿，如总分类账簿、现金日记账和银行存款日记账必须采用订本式账簿。

2. 活页式账簿

活页式账簿简称活页账，它是指在启用前和使用过程中把账页置于活页账夹内，随时可以取放账页的账簿。优点是可根据实际需要，灵活使用，也便于分工记账。缺点是账页容易散失和被抽换。为了克服此缺点，使用活页账时必须要求按账页顺序编号，期末装订成册加编目录，并由有关人员盖章后保存。活页式账簿一般用于各种明细分类账。

3. 卡片式账簿

卡片式账簿简称卡片账，是由许多具有账页格式的硬纸卡片组成，存放在卡片箱中的一种账簿。其优缺点与活页账基本相同。使用卡片账时必须将卡片顺序编号并存放在卡片箱内，由专人保管，一般不需要每年更换。卡片账适用于记载内容比较复杂的财产物资明细账，如固定资产登记卡、低值易耗品登记卡等。

4. 磁性媒介质式账簿

磁性媒介质式账簿是存储在电脑中的账簿。这类形式的“账”已没有传统的簿籍形式。在会计采用电算化后，电脑中的“账”作为“文件”在打印输出前，是看不见、摸不着的，存放在磁性媒介质上，如磁盘；打印输出后，虽然也具有书面形式，但已不存在完整的账簿体系，只是根据需要打印输出某些会计记录和数据，既可以是某个账户的全部记录和数据，也可以是部分账户的记录和数据；既可以是所有账户的记录和数据，也可以是一部分账户的记录和数据。

（三）账簿按账页格式分类

会计账簿按其账页格式分类，可分为两栏式账簿、三栏式账簿、多栏式账簿、数量金额式账簿和横线登记式账簿等。

1. 两栏式账簿

它是指在账页中只设两个金额栏的账簿。它按经济业务引起资金数量的增加和减少的两种变化，设置借方和贷方两个金额栏，不设余额栏。普通日记账、转账日记账一般采用两栏式。

2. 三栏式账簿

它是指由设置三个金额栏的账页组成的账簿，其账页格式主要部分为借方、贷方和余额三栏或者收入、支出和余额三栏。它适用于总分类账、日记账，也适用于只需要进行金额核算而不需要数量核算的债权、债务结算账户的明细分类账，如应收账款、应付账款、其他应收款、其他应付款和应交税金等。

3. 数量金额式账簿

数量金额式账簿亦称大三栏式账簿。它是指在账页中分设“借方”、“贷方”和“余额”或“收入”、“发出”和“结存”三大栏，并在每大栏内分设“数量”、“单价”、“金额”三小栏的账簿。数量金额式账簿能够反映出财产物资的实物数量和价值量，这种账簿适用于既要进行金额核算，又要进行实物数量核算的各种财产物资明细账，如固定资产、原材料和库存商品等。

4. 多栏式账簿

它是指根据经济业务的内容和管理的需要，在账页的“借方”和“贷方”栏内再分别按照明细科目或某明细科目的各明细项目设置若干专栏的账簿。这种账簿把同一个一级账户所属的明细账户，集中在一张账页上设置专栏，反映各有关明细账户的核算资料。它一般适用于成本计算账户、收入账户、费用账户和利润账户等，既可按借、贷方分别设专栏，也可只设借方专栏，贷方内容在相应的借方专栏内用红字登记，表示冲减。

5. 横线登记式账簿

它是指账页分为借方和贷方两个基本栏目，每个栏目再根据需要分设若干栏次，在账页两方的同一行记录某一项经济业务自始至终所有事项的账簿。即将前后密切相关的经济业务从发生到结束的全部事项在同一行进行详细登记。该项账簿一般用于材料采购、其他应收款等明细分类账。

第二节 账簿的设置和登记

一、 账簿的设置

（一） 账簿的设置原则

任何单位都应当根据本单位经济业务的特点和经济管理的要求，设置相应的账簿。一般情况下，设置账簿应遵循以下基本原则：

（1）全面性。账簿设置应能保证全面地反映和监督经济活动情况，既要能为经济管理提供总括的数量信息资料，又要能提供一些详细具体的数据信息资料，满足企业管理部门和各方面信息使用者对各类经济技术指标的需求。

（2）清晰性。应结合各单位的经济活动特点，按所记录的经济业务内容和所提供的核算指标的要求设置账簿，明确账簿的种类，账页的格式、内容及登记方法；明确账簿体系中不同账户的特定经济内容，明确账簿的登记责任。

（3）系统性。账簿设置必须做到组织严密、层次分明、账簿之间保持内在联系和勾稽关系，起到相互制约的作用，有关账簿应能科学地联系在一起、共同构成一个完整的账簿体系，全面、系统地反映生产经营活动，为经济管理提供全面系统、各种各样的经济活动信息，还应防止过分复杂或简化。

（二） 账簿的基本内容

各种账簿所记录的经济业务不同，账簿的格式可以多种多样，但各种账簿主要应具备以下基本内容：

1. 封皮

封皮包括封面、封底和封脊。每本账簿除了应在它的封面上标明账簿名称和记账单位名称外，还应在封脊上写明账簿名称。

2. 扉页

3. 账页

账页是构成账簿的主要组成部分，账页根据其反映的经济业务不同具有多种格式，但基本内容应包括：①账户名称（或称会计科目、二级科目等）；②登记日期栏；③凭证种类和号数栏；④摘要栏；⑤借贷方金额及余额的方向、金额栏；⑥总页次和分户页次。

二、 账簿的登记

（一） 日记账的登记

1. 普通日记账的登记

普通日记账，又称分录簿，是序时地登记全部经济业务的日记账。它是根据日常发生的经济业务所取得的原始凭证直接作会计分录，作为登记分类账依据的账簿，这种日记账起了记账凭证的作用。

普通日记账是根据原始凭证逐日逐笔顺序登记的，把每一笔经济业务转化为会计分录登记在账上，然后再转记列入分类账中。因其只有两个金额栏，因此，这种格式又称为“两栏式”。

普通日记账的登记方法如下：

（1）日期栏，按照经济业务发生时间的先后顺序逐项登记，并指明会计分录日期。

（2）凭证号数栏，登记收付凭证的种类和编号。

（3）摘要栏，简明扼要地写明每一项经济业务的内容。

（4）账户名称栏，写应借、应贷总分类账户的名称。

（5）分类账页数栏，对于已记入普通日记账的记录，应在月终编制报表之前登记有关总分类账簿，并在此栏内注明各有关总分类账户的页数，以备查。

（6）借方、贷方金额栏，登记借方、贷方实际发生的金额。采用普通日记账，可以逐日反映，全部经济业务的发生和完成情况。但由于只有一本日记账，不便分工记账，也不能反映各类经济业务的发生或完成情况。由于要逐笔记账，记账工作量比较繁重。因此，目前我国企业很少采用普通日记账。

2. 特种日记账的登记

为了逐日反映现金、银行存款的收入、支出及结余情况，加强对企业资金的管理与监督，各单位一般应设置现金日记账和银行存款日记账，有条件的企业还可以设置转账日记账。

（1）现金日记账。现金日记账是记录和反映现金收付业务的一种特种日记账，一般采用订本账簿，其格式有两种，一种是三栏式，另一种是多栏式。

三栏式现金日记账，现金的收入和付出同在一张账页上，相应的对方科目不设专栏反映。

为了便于反映每笔收支的来源和用途，以便分析和汇总对应科目的金额，也可以采用多栏式日记账，即把收入栏和付出栏分别按照对方科目设专栏进行登记。

如果会计科目较多，现金日记账的账页宽幅过长，这样既不便于记账，又容易发生过账的错误，可将上述格式一分为二，即将现金的收入和付出分别反映在两本账簿中，称为“现金收入日记账”和“现金支出日记账”，并按现金收入和付出的对应账户设置专栏进行登记。

现金日记账由出纳人员根据审核无误的现金收款凭证、现金付款凭证和银行存款付款凭证，逐日逐笔按照经济业务的时间顺序进行登记。具体方法是：

① 日期栏，登记现金实际收付日期。

② 凭证号数栏，登记收付凭证的种类和编号。

③ 摘要栏，登记经济业务的简要说明。

④ 对方科目栏，登记现金收入的来源科目或付出的用途科目。

⑤ 收入、付出栏，登记现金实际收付金额。

⑥ 结余栏，登记现金结余金额。每日终了，应分别计算出现金收入和付出的合计数，结出余额并与库存现金核对，即通常说的“日清”。如果账款不符，应查明原因。月终要计算现金收、付合计数和结余额，即通常说的“月结”。

采用收入和支出分设账本的多栏式现金日记账时，在每日终了时，还应将本日现金支出日记账中的支出合计，转记到现金收入日记账中的支出合计栏内，以便结出当日余额，再与库存现金余额核对。月末，结出多栏式现金日记账的对应账户栏以及现金收入和付出的总额，作为登记总账的依据。这样，就可以减少登记总账的工作量。但对应账户中的“银行存款”账户栏的本月发生额，因已同时记入多栏式银行存款日记账，故不需过入总账。

（2）银行存款日记账。银行存款日记账，是记录和反映银行存款收付业务的一种特种日记账。它应按存款种类分别设置。

银行存款日记账由出纳员负责登记和保管，其登记方法与现金日记账登记方法基本相同。每日终了，结出本日银行存款的收入、支出合计和本日余额，以便定期与银行转来的银行存款对账单逐笔核对。

（3）转账日记账。除设置现金、银行存款日记账外，一般企业不再设其他日记账。有的企业因管理的需要还设转账日记账，用来登记现金日记账和银行存款日记账所不能包括的其他经济业务。转账日记账相对现金、银行存款日记账来说，可认为是企业的普通日记账。不过此时的转账日记账与最早出现的普通日记账是不同的： 其一，它是根据有关转账凭证登记的，因此，在账页中要增设“转账凭证号数”栏；其二，它不再作为登记有关总分类账的依据，因此，账页中不再设“过账”栏。

转账日记账是根据转账凭证逐日逐笔顺序登记的。设置转账日记账的主要目的是将每日发生的转账业务集中反映出来；同时，利用转账日记账的记录，可以检查转账凭证有无丢失，保证账证相符。

（二） 总分类账的登记

为了总括、全面地反映经济活动和财务收支情况，并为编制会计报表提供资料，每个单位必须设置总分类账。

总分类账简称总账，它是按照一级科目设置的，用来分类、连续记录和反映各种资产、负债和所有者权益等的总括情况的账簿。

总分类账一般采用借方、贷方、余额三栏式的订本账。

由于订本式账簿页次固定，不能随时增添账页，也不能任意抽取账页，因而在启用时应根据各科目发生业务的多少适当估计预留页数。同时根据实际需要，在总分类账中的借、贷两栏内，也可增设对方科目或采用多栏式总分类账的格式。

多栏式总分类账是把所有的总账科目全设在一张账页上，但其具体设计又有两种方法： 一是按会计科目分设专栏，所有的经济业务，根据记账凭证序时、分类别直接登记入账。这种格式的总分类账，实际上是序时账与分类账结合的账簿，因此被称为日记账；二是按经济业务的性质分设专栏，所有经济业务，根据记账凭证定期汇总登记入账。

综上所述，总分类账可以采用三栏式，也可以采用多栏式。不同单位可以采用不同的记账程序，所以总分类的记账程序也不完全相同，其中主要有两种形式： 一种是直接根据记账凭证逐日逐笔顺序登记；另一种是间接根据记账凭证进行登记，即根据记账凭证通过一定方式（如科目汇总表，汇总记账凭证）汇总后再进行登记，也可以根据多栏日记账逐笔或定期汇总登记，但不管采用什么形式，月终都要在全部经济业务登记完了之后，结出各账户的本期发生额和期末余额。

（三） 明细分类账的登记

为了提供有关经济活动的详细资料，以满足经营管理的需要，在设置总分类账的同时，还必须设置必要的明细分类账。

明细分类账简称明细账，它按照二级科目或明细科目设置，用以分类、连续记录和反映各会计要素的详细情况，为编制会计报表提供所需要的详细资料。明细分类账对于加强财产的收发和保管、资金的管理和使用、收入的取得和分配、往来款项清算以及费用的开支等方面的监督起着重要的作用。因此，每一个企业都必须设置材料、产成品、固定资产、债权债务、业务收支、费用开支以及其他必要的明细账。

明细账一般采用活页式账簿，但也有少数采用卡片式账簿，如固定资产明细账。明细账的格式和登记方法主要有下列四种：

1. 三栏式明细账

三栏式明细账设有借方、贷方和余额三个金额栏，用来登记只需要反映金额的经济业务，如涉及应收、应付账款等的业务，其账页格式与三栏式总账账页格式相同。

三栏式明细分类账是由会计人员根据审核无误的记账凭证、原始凭证或原始凭证汇总表，按照经济业务发生的时间先后顺序逐日逐笔进行登记的。

2. 数量金额式明细账

数量金额式明细账设有收入、发出和结存的数量及金额栏，用来登记既要反映金额又要反映实物数量的经济业务，如材料、产成品、库存商品、固定资产的收发结存等业务。

数量金额式明细分类账是由会计人员根据审核无误的记账凭证或原始凭证，按照经济业务发生的时间先后顺序逐日逐笔进行登记的。

3. 多栏式明细分类账

多栏式明细分类账是为了减少记账工作量和便于分析利用，根据经济业务的内容和经营管理的需要，在一张账页内按有关明细项目分设若干专栏，用以在同一张账页上，集中反映各有关明细项目的详细资料。这种格式适用于费用、成本和收入、利润等科目的明细分类核算。

多栏式明细分类账是由会计人员根据审核无误的记账凭证、原始凭证或原始凭证汇总表，按照经济业务发生时间的先后顺序逐日逐笔进行登记的。对于成本费用类账户，只在借方设专栏，平时在借方登记费用、成本发生额，贷方登记月末将借方发生额一次转出的数额，平时如发生贷方发生额，应用“红字”在借方有关栏内登记，表示应从借方发生额中冲减。同样，对于收入、成果类账户，只在贷方设专栏，平时在贷方登记收入的发生额，借方登记月末将贷方发生额一次转入“本年利润”的数额，若平时发生退货，应用“红字”在贷方有关栏内登记。

4. 横线登记式明细分类账

横线登记式明细分类账亦称为平行式明细账，其账页特点是在账页的同一行内，记录某一项经济业务从发生到结束的全部事项，如物资采购明细账可在一行内记录采购材料业务的购料和收料情况。它主要适用于登记物资采购业务、应收票据和一次性备用金业务。

这种明细账借方一般在购料付款或借出备用金时按会计凭证的编号顺序逐日逐笔进行登记，其贷方则不要求按会计凭证编号逐日逐笔登记，而是在材料验收入库或备用金使用后报销和收回时，在与其借方记录的同一行内进行登记，即同一类业务的借、贷方记录应在同一行内进行登记。同一行内借、贷方有相等金额的记录时，表示该经济业务已处理完毕；若一行内只有借方记录而无贷方记录的，表示该项经济业务尚未结束。

以上各种明细账的设置和登记方法，主要根据本单位经济业务的繁简和经营管理上的实际需要来确定。一般是根据原始凭证、原始凭证汇总表或记账凭证逐笔登记，也可以逐日或定期汇总后登记。但是，固定资产、债权债务等明细账应当逐笔登记。各种明细账在每次登记完毕之后应结算出余额。为了便于事后检查和核对账目，在明细分类账的摘要栏内必须将经济业务的简要内容填写清楚。

（四）备查账簿的登记

如前所述，备查账簿没有固定格式，各单位可根据实际工作的需要自行设计。备查账的记录不列入本单位的财务会计报告，如以“租入固定资产登记簿”为例。

（五） 总分类账户和明细分类账户的平行登记

1. 总分类账户与明细分类账户的关系

总分类账户是按照一级会计科目设置的，采用货币计量单位，分类、连续地提供各种总括核算资料的账户，简称总账。明细分类账户是根据总分类账的核算内容按二级科目或明细科目设置的，采用货币或货币和实物计量单位，分类、连续地提供各种明细核算资料的账户，简称明细账。

为了满足企业内部经营管理和外部有关方面对会计信息的不同需要，会计核算不仅要求提供总括核算指标，而且在许多情况下还要提供明细核算指标。为此，企业既要根据总分类科目开设总分类账，进行总分类核算，又要根据明细分类科目开设明细分类账，进行明细分类核算。

对于需要开设明细分类账户的总分类账户，在总分类账户和明细分类账户之间存在着不可分割的相互关系。总分类账户和明细分类账户所记录的经济业务内容是相同的，所不同的只是提供核算资料有详细程度的差别。总分类账户提供的是所属明细分类账户的总括核算资料，对所属明细账起统驭控制作用，能全面、概括地反映企业某一方面的经济活动情况；而明细分类账户提供的是详细核算资料，是对总分类账户起补充说明的作用，不仅用价值指标反映，经常还采用实物单位来计量和反映，以补充提供总分类账户所不能反映的更详尽的资料。例如，设置“固定资产”总分类账户，可以提供企业全部固定资产价值的增减变动情况，可据以了解企业固定资产的投资规模、生产能力、固定资产新旧程度等情况。但由于企业固定资产种类繁多，还必须根据企业固定资产的类别、使用部门设置明细账，以详细了解各类固定资产的具体情况。

明细分类账可分为二级明细账户和三级明细账户。二级账户是指介于总分类账户和明细分类账户之间的账户，更具体、详细的明细分类账称为三级账户。

2. 总分类账户与明细分类账户的平行登记

从总分类账户和明细分类账户的相互关系可以看出，总分类账和明细分类账所反映的对象和登记的依据是相同的，提供的核算资料是相互补充的。根据总分类账户与明细分类账户之间的上述关系，在会计核算中，为了便于进行账户记录的核对，保证核算资料的完整性和正确性，总分类账户及其所属明细分类账户必须采用平行登记的方法。

所谓平行登记，是指对所发生的每项经济业务事项，都要以会计凭证为依据，分别在总分类账户及其所属明细分类账户同时进行登记的方法。

（1）总分类账户与明细分类账账户平行登记的要点：

① 同依据，即依据相同。对于需要提供详细指标的每一项经济业务，应根据会计凭证，既要登记有关总分类账户，又要登记其所属明细分类账户。

② 同期间，即期间相同。对每项经济业务在记入总分类账户和明细分类账户过程中，可以有先有后，但必须在同一会计期间全部登

记入账。

③ 同方向，即方向相同。在某一总分类账户及其所属明细分类账户中登记经济业务时，方向必须相同。也就是说，总分类账户记入借方，明细分类账户也记入借方；总分类账户记入贷方，明细分类账户也记入贷方。

④ 等金额，即金额相等。发生的每项经济业务记入总分类账户和所属明细类账户时，其记入总分类账户的金额必须与记入各所属明细分类账户的金额之和相等。但是，这种金额相等只表明其数量关系，不一定都是借方发生额和贷方发生额相等的关系。

（2）总分类账户与明细分类账户平行登记的方法：

在平行登记时，首先设置并登记总分类账户及其所属明细分类账户的期初余额；其次根据记账凭证上列明的会计分录，在有关的总分类账户中进行总括的登记，并根据记账凭证及其所附的原始凭证在总分类账户所属的明细分类账户中进行详细登记；最后分别在总分类账户及其所属明细分类账户中结出本期发生额和期末余额，并检查它们是否相等。

平行登记的结果使总分类账户和其所属明细分类账户之间存在着特定的数量关系，这种关系用公式表示：

总分类账户本期发生额 = 总分类账户所属明细分类账户本期发生额合计

总分类账户期末（初）余额 = 总分类账户所属明细分类账户期末（初）余额合计

现以“原材料”、“应付账款”两个账户为例，说明总分类账户和其明细分类账户的平行登记方法。

例 7-1 某企业 2008 年 5 月份的“原材料”、“应付账款”总账和明细账的期初余额如下：“原材料”账户期初余额 50 000 元，其中甲材料 100 吨，每吨 200 元，共计 20 000 元；乙材料 200 吨，每吨 150 元，共计 30 000 元。“应付账款” 账户期初余额 60 000 元，其中欠驰立公司 40 000 元，朝宇公司 20 000 元。

5 月 6 日，向驰立公司购入甲、乙材料，均已验收入库，货款未付。甲材料 50 吨，每吨 200 元，计 10 000 元；乙材料 20 吨，每吨 150 元，计 3 000 元。会计分录如下：

借：原材料　甲材料 10 000

　　　　　　乙材料 3 000

　　贷：应付账款　驰立公司 13 000

5 月 10 日，以银行存款偿还驰立公司货款 10 000 元。会计分录如下：

借：应付账款　驰立公司 10 000

　　贷：银行存款 10 000

5 月 18 日，向朝宇购买甲材料 20 吨，每吨 200 元，计 4 000 元，货款未付，材料已验收入库。会计分录如下：

借：原材料　甲材料 4 000

　　贷：应付账款　朝宇公司 4 000

5 月 24 日，车间领用甲材料 150 吨，每吨 200 元，计 30 000 元；

乙材料 100 吨，每吨 150 元，计 15 000 元。会计分录如下：

借：生产成本 45 000

贷：原材料 甲材料 30 000

乙材料 15 000

（3）总分类账户与明细分类账户的核对：

在根据平行登记的方法登记总分类账户及其所属各明细分类账户之后，为了检查账户记录是否正确，应当对总分类账户和明细分类账户登记的结果进行相互核对。主要是核对总分类账户与其所属明细分类账户的发生额和余额是否相等，以便及时地发现和更正错账，保证账簿记录的正确性。

为了便于核对，可以根据某一总分类账户所属明细分类账户的记录，分别编制明细分类账户本期发生额及余额表。例如，根据上面例示“原材料”和“应付账款”明细分类账户的记录，分别编制本期发生额及余额表。

根据以上两表的“合计”栏金额，分别与“原材料”和“应付账款”总分类账户的余额，本月借、贷发生额和期末余额核对，结果相符就表明该分类账的记录是正确的。

第三节 账簿的使用规则

为了做好记账工作，保证会计核算的质量，记账时要严格遵守以下各项规则：

一、 账簿启用规则

账簿是重要的会计档案。为了保证会计账簿记录的合法性和会计资料的真实性、完整性，明确经济责任，会计账簿应当由专人负责登记。启用会计账簿应遵守以下规则：

（1）启用账簿时，应在账簿封面上写明单位名称和账簿名称，并填写账簿扉页上的“账簿启用及交接表”或“账簿雇用和经管人员一览表”，基本内容包括启用日期、账簿页数、记账人员和会计机构负责人、会计主管人员姓名，并加盖名章和单位公章。

（2）顺序编写页数。启用订本式账簿，应当从第一页到最后一页按顺序编写页数，不得跳页、缺号（如果所启用的订本式账簿的起止页数已经印好就不需要再填）。启用活页式账簿，其账页应当按账户顺序编号，并需定期装订成册；装订后再按实际使用的账页顺序编写页码，另加目录，记明每个账户的名称和页次；可于装订成册时填写起止页数。卡片式账簿在使用前应当登记卡片登记簿。

（3）严格交接手续。当记账人员或会计机构负责人、会计主管人员调动工作时，应在办好账簿移交手续后，在启用表上注明交接日期、接办人员和监交人员姓名，并由交接双方签字或盖章，以明确有关人员的责任。

（4）及时结转旧账。每年年初更换新账时，应将旧账的各账户余额过入新账的余额栏，并在摘要栏中注明“上年结转”字样。

二、 账簿登记规则

登记账簿，简称记账，是指根据会计凭证，按一定程序，在账簿中连续地、系统地记录经济业务，反映企业单位的经济活动过程及结果。会计人员应当根据审核无误的会计凭证登记会计账簿。登记规则如下：

（1） 登记会计账簿时，应当将会计凭证日期、编号、业务内容摘要、金额和其他有关资料逐项记入账内，做到数字准确、摘要清楚、登记及时、字迹工整。

（2） 登记完毕后，要在记账凭证上签名或者盖章。为了防止在登记中出现漏记和重记，便于查阅，应在记账凭证上注明所记账簿页数或以“√”为符号表明已登记入账。

（3） 账簿中书写的文字和数字上面要留有适当空格，不要写满格，一般占格距的1/2左右，以便于发生差错时更正。

（4） 登记账簿要用蓝黑墨水笔或者碳素墨水笔书写，不得使用圆珠笔（银行的复写账簿除外）或者铅笔书写。但下列情况，可以用红色墨水笔记账：

① 按照红字冲账的记账凭证，冲销错误记录；

② 在不设借、贷等栏的多栏式账页中，登记减少数；

③ 在三栏式账户的余额栏前，如未印明余额方向的，在余额栏

内登记负数余额；

④ 根据国家统一会计制度的规定可以用红字登记的其他会计记录。

（5） 各种账簿按页次顺序连续登记，不得跳行、隔页。如果发生跳行、隔页，应当将空行、空页划线注销，或者注明“此行空白”、“此页空白”字样，并由记账人员签名或者盖章。

（6） 凡需要结出余额的账户，应按时结出余额，现金日记账和银行存款日记账必须逐日结出余额；债权债务明细账和各项财产物资明细账，在每次记账后，都要随时结出余额；总账账户平时每月需要结出月末余额。结出余额后，应当在“借或贷”等栏内写明“借”或者“贷”等字样，以说明余额的方向。没有余额的账，应当在“借或贷”栏内写“平”字，并在“余额”栏（一般在元位）内用“0”表示。

（7） 每一账页登记完毕结转下页时，应当结出本页合计数及余额，写在本页最后一行和下页第一行有关栏内，并在注明“过次页”和“承前页”字样；也可以将本页合计数及金额只写在下页第一行有关栏内，并在摘要栏内注明“承前页”字样。

对需要结计本月发生额的账户，结计“过次页”的本页合计数应当为自本月初起至本页末止的发生额合计数；对需要结计本年累计发生额的账户，结计“过次页”的本页合计应当为自年初起至本页末止的累计数；对既不需要结计本月发生额也不需要结计本年累计发生额的账户，可以只将每页末的余额结转次页。

（8） 记账时可以使用下列一些特殊符号，使更为便捷。

① 号码顺序可用“#”表示，如第 20 号，可写成“#20”，但不能写成“20#”。

② 单价可用“@”表示，如单价 5 元可写成“@5 元”。

③ 已记账、已过账或数字核对无误，可在“过账”栏或“记账”栏内或在数字后用“ √ ”表示。

三、 错账更正规则

（一） 错账的类型

错账，是指会计记录与实际发生的经济业务的情况不符。日常记账工作中会出现各种各样的差错，有书写上的文字或数字的笔误，确认计量上的错误、计算上的错误等。常见的账簿记录上的会计差错主要有以下几种情况：

（1）重记分录。一笔会计分录或一笔会计分录的一方在分类账上重复登记。

（2）漏记分录。一笔会计分录或一笔会计分录的一方在分类账上没有登记。

（3）方向记错。将应记入借方的金额误记入贷方，或将应记入贷方的金额误记入借方。

（4）科目串户。将应记某一个会计科目的金额误记入另一个会计科目。

（5）数字记错。主要是数字移位，即应记的数字后多记或少记“0”；数码颠倒，即某一个金额数字，其相邻两个数字前后颠倒，如56元记为65元等。

（6）计算错误。计算过程中产生的错误，如合计数加错、余额计算错、计算中漏计或重计某一金额等。

造成记账差错的原因是多种多样的，除了记账人员的业务水平高低因素外，大多数是记账时的疏忽大意所引起的。因此，要求会计人员在记账时必须认真细致，不可粗心大意，尽可能避免差错的发生。一旦试算发现账务处理工作有错误，必须立即查找更正。

（二） 查找记账错误的方法

查找错误的方法，一般分为全面检查和重点检查两种。

1. 全面检查

全面检查是对账簿进行普遍检查的方法，就是把一定时期内的账目进行逐笔核对的方法。账目不平衡，如果是由若干类型、若干环节的若干错误造成的，就需要对账簿进行全面性的检查。按错误检查与账务处理的顺序关系，全面性检查分为顺查法和逆查法两种：

（1）顺查法。顺查法是按照“分录→过账→结账→试算”的记账顺序，依次按序查对的一种检查记账错误的方法。具体检查的内容依次为： 记账凭证编制是否正确，依据记账凭证登记账簿时是否有重记、漏记和其他的过账错误，各账户发生额和余额的结算是否正确，试算平衡表有无抄写和计算错误。

顺查法与平时账务处理工作的方法一致，由于许多差错往往是习惯性的，如仍然采用原途径重复操作，习惯性的错误仍难以避免，因此一般认为错误的查找应以逆查法较为恰当。

（2）逆查法。逆查法是按照与原账务处理工作程序相反的顺序，即沿着“试算→结账→过账→分录”的次序依次进行查对的一种检查记账错误的方法。具体查找时，应先检查试算表本身，复核试算表内各栏金额合计数是否平衡，核对各账户的各栏金额是否抄列正确；然后应检查各账户的发生额及余额的计算是否正确；接下来应检查过账工作是否正确，将账簿记录与会计凭证进行核对；最后再检查记账凭证的填制是否正确。

2. 重点检查

全面检查是对试算表所包含期间的所有记录进行详细查对，查对的工作量较大。如果能够结合差错的特点，有针对性地进行重点检查，就可以提高工作效率，减轻错账查找的工作量。对有关账目进行针对性检查是一种较为快捷、有效的查找记账错误的方法。例如，错误的数字发生在角位、分位，就只需专门查找尾数错误，其他数字则不做检查；在可以确定错误为某一记账环节问题时，针对该环节进行检查，其他环节不做检查等。在实际工作中，根据差错的特点及其规律，总结出一些检查错账的方法，具体包括：

（1）差数法。用于检查过账时一笔分录的一方重记、漏记或错记造成的差错。在按照记账凭证记账时，如果一笔分录的一方重记、漏记或错记，就会造成本期借、贷方发生额合计数不符。当试算不平衡时，将本期借、贷方发生额合计数相抵，计算出借贷方合计数的差数，以此为线索，重点检查与该差数的相同金额的发生额是否存在一方重记、漏记或错记的情况。

（2）除 2 法。用于检查记账方向记错的错误。如果误把应记入账户借方的金额记入贷方，或误把应记入账户贷方的金额记入借方，就会使借贷双方合计数的差数是错记金额的 2 倍。当试算不平衡时，将借贷双方合计数相抵后的差数除以 2，以此为线索，重点检查与该商数相同的金额是否记账记反了。

（3）除 9 法。用于检查数字错位和数字颠倒的差错。当试算不平衡时，将借贷双方合计数相抵后的差数除以 9，若能被 9 整除，则可能是记账过程中出现了数字移位（错位）或数字颠倒的差错。

① 数字移位。往往是在过账时，在应记的数字后多加或少加了“0”，使正确的数字扩大 9 倍或缩小 0.9 倍。因此，数字移位又分为将数字写大和将数字写小两种错误。

将数字写大。如将 150 写为 1 500。查找的方法是：将差数除以 9，得到的商数为正确数，将商数乘以 10 后所得的积为错位数。本例的差数为 1 350（1 500-150），除以 9 后，所得的商数 150 为正确数，150 乘以 10，其积 1 500 即为错位数。在查找差错时，以此为线索，重点检查与该商数之积相同的金额是否存在记录上错位的情况。

将数字写小。如将 3 600 写成 360。查找的方法是：将差数除以 9，得到的商数为错位数，将商数乘以 10 后所得的积为正确数。本例的差数为 3 240（3 600-360），除以 9 后，所得的商数 360 为错误数，360 乘以 10，其积 3 600 即为正确数。在查找差错时，以此为线索，重点检查与该商数相同的金额是否存在记录上错位的情况。

上述处理方法是针对错移一位的情况，当错移2倍时，将差数除以9，并将得到的商数再除以11，其最后的商数就是正确数（将数字写大的情况下）或错位数（将数字写小的情况下）。如将52 000误记为520，两数相差51 480，除以9后，得到商数5 720，再除以11，其最后的商数520即为错位数。

当错移三位，则应除以111，以此类推。

② 数字颠倒，如将59写为95，28写成82等。查找的方法是： 将差数除以9，所得到的商数连续加11，直到出现颠倒的数字为止。如59写成95，之差为36，除以9得4，连加11为15，26，37，48，59，70，其中就有被错写59的。在错误查找时，以此为线索，重点检查有与连加11后的数字相同金额的业务是否存在记录上数字颠倒的情况。

此外，如果差错的数字只是角位、分位，就可以专查角位、分位的数字，其他数字就不必一一检查，此乃尾数法。

总而言之，当发现账簿记录有差错时，可以根据差错的具体特征，先进行重点抽查。若经用上述方法抽查仍无法发现差错所在，则应采用逆查法或顺查法进行全面检查，以便于迅速、准确地找出差错，及时更正错账。

（三） 更正错账的方法

如果在账簿记录中出错误，应按规定的方法进行更正。在手工记账的情况下，更正错账的方法有划线更正法、红字更正法和补充登记法。

1. 划线更正法

划线更正法是指用划线注销原有错误记录，然后在划线上面写上正确记录的一种方法。它主要适用于在结账前，如发现账簿上所记的文字或数字有错误，而记账凭证正确，即纯属笔误造成的过账错误，更正时，先将错误的文字或数字划上一条单红线注销，然后在红线上方的空白处用蓝字写上正确的文字或数字，并由记账人员在更正处盖章，以示负责。划线注销时要注意，对错误的数字一定要全部划去，不得只改个别数字，也不得使被注销的数字难以辨认。例如，将金额12 500元误写成21 500元，更正时应将21 500全数划掉，再在上面空白处写上正确的数字12 500，并在更正处盖章。

2. 红字更正法

它是指用红字冲销原有的错误记录，以更正或调整记录错误的一种方法。这种方法适用于下列两种情况错账的更正。

一种是在登账后，如果发现记账凭证中应借、应贷科目或金额发生错误，可用红字更正法进行更正。更正时分两步：第一步是用红字金额填制一张同原错误凭证相同的记账凭证，并用红字金额登记入账，以示冲销原错误记录，同时在摘要栏注明“冲销某月某日第×号凭证错误”；第二步是用蓝（黑）字填制一张正确的记账凭证，在摘要栏注明“更正某月某日第×号凭证错误”，并据以登记入账。冲销和更正的记账凭证后面可以不附原始凭证。

例7-2 生产车间领用一批材料用于生产产品，计6 000元填制记账凭证时，误写应借科目为“制造费用”，并已登记入账。原错误的会计分录是：

（1）借：制造费用 6 000

贷：原材料 6 000

发现这种错误时，应先用红字填制一张记账凭证，其会计分录如下：

（2）借：制造费用 6 000

贷：原材料 6 000

该记账凭证用以冲销原错误记录（前后红字凭证均未带框，下同）。同时，再用蓝字填制一张正确记账凭证。其会计分录如下：

（3）借：生产成本 6 000

贷：原材料 6 000

将上述更正错账的记账凭证登记入有关账户后，则有关账户中的错误记录得到更正。

另一种是在记账后，发现记账凭证的应借、应贷科目正确，但所记金额大于应记金额，也可采用红字更正法予以更正。更正时只需一步完成，即将多记的金额用红字填制一张记账凭证，在摘要栏注明“冲销某月某日第×号凭证多记金额”，并据以登记入账，冲销多记金额。

例 7-3 月末结转完工产品成本 26 000 元时，填制记账凭证，将金额误记为 260 000 元，并已登记入账。其错误的会计分录是：

（1）借：库存商品 260 000

贷：生产成本 260 000

为了更正有关账户中多记234 000元的错误，应以红字编制一张记账凭证。其会计分录如下：

（2）借：库存商品 234 000

贷：生产成本 234 000

如果记账凭证所记录的文字与账簿记录的文字也不相符，则先采用划线更正法更正文字，然后再采用红字更正法冲销多记的金额。另外，例7-3的经济业务也可以采用例7-2的更正方法，将260 000元全部用红字冲销，再填制一张260 000元的正确记账凭证。

3. 补充登记法

它是指用蓝字编制一张补充凭证，补足账户中少记金额的一种方法。在记账以后，如果发现记账凭证中应借、应贷科目无错误，但所填金额小于应填金额时，应采用补充登记法。更正时，将少记的金额用蓝字填一张与原错误记账凭证所记科目和方向相同的记账凭证，在摘要栏说明“补记某月某日第×号凭证少记金额”，并据以补充登记入账，补足少记的金额。

例7-4 向银行取得短期借款30 000元，存入银行，编制记账凭证时，将金额写为3 000元，并登记入账。其错误的会计分录是：

（1）借：银行存款 3 000

贷：短期借款 3 000

为了更正有关账户中少记的27 000元的错误，就用蓝字填制一张记账凭证，补足少记金额。其分录会计如下：

（2）借：银行存款 27 000

贷：短期借款 27 000

四、 账簿的更换与管理规则

（一） 账簿的更换

账簿更换，是指在会计年度开始时启用新账簿，并将上年度的会计账簿归档保管。

现金、银行存款日记账、总分类账及绝大多数的明细分类账，每年都要更换新账。对于个别采用卡片式的明细账，如固定资产卡片明细账，可以跨年度使用，不必每年更换新账。

账簿更换的具体做法是，首先检查本年度报告账簿记录，在年终结账时是否全部结清，然后在新账中有关账户的第一行“日期”栏内注明1月1日，在“摘要”栏内注明“上年结转”或“年初余额”字样，将上年的年末余额以同方向记入新账中“余额”栏内，并在“借或贷”栏内注明余额的方向。须注意的是，新旧账簿更换时账户余额的结转不编制记账凭证，也不要记入“借方”栏或“贷方”栏，而是直接记入“余额”栏，因此“凭证”栏、“借方”栏和“贷方”栏均无须填入。

（二） 账簿的管理

会计账簿与会计凭证、会计报表一样，都是重要的会计资料，因此，必须建立严格的账簿保管制度，妥善保管账簿。对账簿的管理包括日常管理和归档保管。

1. 账簿的日常管理

（1）各种账簿要分工明确，指定专人管理。账簿经管人员既要负责记账、对账、结账等工作，又要负责保证账簿的安全、完整，防止任意涂改、毁坏账簿等问题的发生。

（2）会计账簿未经领导和会计负责人或者有关人员批准，不能随意交给其他人员管理，非经管人员不能随意翻阅查看、摘抄和复制等。

（3）会计账簿除需要与外单位核对外，一般不能携带外出，对需要携带外出的账簿，通常由经管人负责或会计主管人员指定专人负责。

2. 账簿的归档保管

启用新账后，对更换下来的旧账需要进行整理、装订、造册办理交接手续、归档保管。具体内容如下：

（1）归档。归档前应对更换下来的旧账进行整理。其工作主要包括检查应归档的旧账是否收集齐全；检查各种账簿应办的会计手续是否完备，对于手续不完备的应补办手续，如注销空行空页、加盖印章、结转余额等。

年终结算之后，将不再继续使用的活页账、卡片账按照会计科目顺序排列，装订成册，并填写“经管人员一览表”和“账户目录”置于账簿前，与其他订本式账簿等存放在一起，可暂由本单位会计部门保管，以利于查阅利用。保管期满一年后，应和保管期达一年的其他会计资料一同，由财务会计部门编造清册，移交本单位的档案部门保管。档案部门接收保管的有关账簿等会计档案资料，应保证做到安全、无损、完整和保密，并定期进行检查清点，发现问题应及时妥善处理。

（2）保存。会计账簿的保管期限，根据其特点，分为永久保存和定期保存两类。各类总账、明细账、辅助账、日记账的保管期限为15年，其中现金日记账和银行存款日记账为25年，涉外和对私改造的账簿要永久保存，对固定资产登记卡片，在固定资产报废清理后，可保存5年。

（3）查阅。重视和加强会计账簿的利用工作，建立、健全会计档案的调阅制度。调阅使用会计账簿，应履行登记手续，一般应在档案室查阅。外单位借阅，原件不得携带外出，如有特殊需要，须经报上级主管部门批准，可在指定地点查阅，归还时要清点。需要复制的，必须征得单位领导同意。查阅人员不许在账簿上做任何记号、勾画和涂改，有违反者，视情节轻重进行严肃处理。

（4）销毁。会计账簿保存期已满需要销毁的，应当由会计部门和档案管理部门共同填写“会计档案销毁报告单”，详细列出需要销毁的账簿等会计档案的类别、名称、册数或张数、所属年月，据以由档案管理部门编入“会计档案销毁清册”按规定保存。待“报告单”经过主管领导审查签章，报上级主管部门审批后，方可销毁。在销毁时，应由会计部门和档案管理部门共同派人监销，并在“会计档案销毁报告单”上签章以示负责。“会计档案销毁清册”属于重要的会计档案材料，按《会计档案管理办法》的规定需要保存25年。

第四节 对账和结账

一、 对账

对账，简单来说，就是核对账目，是指在会计核算中，为保证账簿记录的真实可靠，对账簿及其记录的有关数据进行检查和核对的工作。通过对账，应当做到账证相符、账账相符、账实相符。

1. 账证核对

账证核对是将各种账簿（总账、明细账及现金和银行存款日记账等）记录与有关凭证（记账凭证及其所附的原始凭证）进行核对。因为登记会计账簿的依据是审核无误的会计凭证，所以，这种核对是在日常编制记账凭证和登记入账过程中进行的，使错误的账务处理得以及时发现与纠正。核对时，将会计凭证和账簿记录中会计科目、金额、记账方向、摘要内容等相互核对，保证会计凭证的内容与账簿记录相符。但期末如试算不平衡或发现其他问题，仍应进行针对性的重点复核或核对。

2. 账账核对

账账核对是指将各种会计账簿之间有关的数字核对相符，本单位同其他单位的往来账项应核对是否相符。这种核对至少每月末进行一次，核对内容包括：

（1）总分类账中全部账户的本期借方发生额合计数，应与本期贷方发生额合计数核对相符；期末借方余额合计数，应与贷方余额合计数核对相符。这种核对可通过总分类账户的试算平衡进行。

（2）总分类账户的本期发生额和期末余额，与其所属明细分类账户的本期发生额和期末余额合计数核对相符。这种核对可通过编制总账账户与其所属明细分类账账户本期发生额及余额对照表进行。

（3）总分类账中的现金账户、银行存款账户的本期发生额及期末余额，与现金日记账、银行存款日记账的相应数字核对相符。这种核对往往可以直接进行。

（4）会计部门各种财产、物资明细分类账的期末余额，应与财产、物资保管和使用部门的有关财产、物资明细分类账的期末余额核对相符。这种核对往往也是直接进行的。

3. 账实核对

账实核对是指账簿记录的各种货币资金、财产物资和结算款项的期末账面结余额，与其实有数的核对工作。内容包括：

（1）现金日记账的账面余额，与库存现金实有数的核对。

（2）银行存款日记账的账面余额，与银行对账单的核对。

（3）各种财产物资明细账的账面结存数量，与财产物资的清查盘点实有数的核对。

（4）各种应收、应付款、银行借款等往来款项明细账的账面余额，与相关的债权债务单位或个人的核对。

实际工作中，账实核对一般是通过财产清查进行的。

二、 结账

由于企业的经济活动是连续不断的，为了总括反映一定时期内的企业财务状况和经营成果，在每个会计期末，必须对有关账户进行结账，以便进一步根据账簿记录编制会计报表。

结账，简单来说，就是结算账目，是指在将一定时期内所发生的经济业务全部登记入账的基础上，按照规定的方法结算出本期发生额合计和期末余额，并将期末余额结转下期的方法。通过结账，可以分清上下期的会计记录，结出本期损益，为编制会计报表做好准备。

（一）结账的内容和要求

（1）结账前，必须将本期内发生的各项经济业务全部登记入账，既不能提前结账，也不能将本期发生的业务延至以后期间登账。

（2）实行权责发生制的单位，按照权责发生制的要求，进行账项调整的账务处理，并在此基础上，进行其他有关转账业务的账务处理，以计算确定本期的成本、费用、收入和经营成果。

（3）结账时，计算、登记本期发生额和期末余额，并将期末余额转为下期的期初余额。

（4）结账的标志是划红线，目的是突出有关数字，表示本期会计记录已经截止或结束，并将本期与下期的记录明显分开。

（二）结账的方式

结账按照期间的不同，通常分为月结、季结和年结。各期间结账的要求和方法基本一致。按照《会计基础工作规范》的要求，一般采用划线结账的方法进行结账。

1. 月结

月结是月终计算账户的该月发生额合计并结计月末余额的结账

工作。具体操作为：在应结账账户最后一笔记录下面空行的“摘要”栏内注明“月结”或“本月合计”字样，计算并在相应的栏目内写出本月发生额合计数和月末余额，并在月结记录的上端和下端分别通栏划单红线。如果月末没有余额，应当在“借或贷”栏内写“平”字，并在“余额”栏（一般是在“元”位）内定上“0”。

2. 季结

季结是季末计算账户的本季发生额合计并结计季末余额的结账工作。具体操作为：在季末“月结”记录的下一行的“摘要”栏内注明“本季合计”字样，计算并在相应的栏目内写出本季发生额合计数和季末余额；在季结记录下通栏划单红线。

3. 年结

年结是年终计算账户的本年发生额合计并结计年终余额的结账工作。具体操作有两种方法：

（1）在第四季度“季结”记录的下一行的“摘要”栏内注明“年结”或“本年累计”字样，计算并在相应的栏目内写出本年四个季度发生额合计数和年末余额；同时，在“本年累计”栏下划通栏双红线，表示“封账”。

（2）结出本年四个季度的发生额合计数，记入第四季度季结的下一行，在摘要栏内注明“本年发生额及余额”或“本年合计”、“本年累计”、“年结”字样；为对账簿的全年记录进行试算平衡，要将年初借方或贷方余额记入年结下一行的借方或贷方，并于该行“摘要”栏注明“上年余额”字样；在“上年余额”的下一行，将年终余额记入贷方或借方，并于该行“摘要”栏注明“结转下年余额”字样；并在该行下边划一条红线。在红线下空行内的“摘要”栏注明“总计”字样，并加计“本年累计”（“本年合计”、“年结”）、“上年余额”、“结转下年余额”三行的借、贷双方的合计数，检验借贷双方“总计”金额是否相等，确定账簿记录的正确性；最后，在“总计”行下边划两条红线，表示双方平衡和结束全年账户记录，即封账。

双红线的作用主要是突出合计数，分隔本年度与下年度记录。年度终了时，凡账户上有余额的，均要转入下年的新账页内，结转时，应在新账中的第一页第一行“摘要”栏注明“上年结转”或“年初余额”字样，并将上年余额记入“余额”栏内。

需要说明的是，结账时，不同的账户记录，采用的结账方法有所不同：

（1）对不需按月结计本期发生额的账户，每次记账以后，都要随时结出余额，每月最后一笔余额即为月末余额。月末结账时，只需要在最后一笔经济业务记录之下通栏划单红线，不需要再结一次余额。

（2）现金、银行存款日记账和需要按月结计发生额的收入、费用等明细账、每月结账时，要在最后一笔经济业务记录下面通栏划单红线，结出本月发生额和余额，在摘要栏内注明“本月合计”字样，在下面通栏划单红线。

（3）需要本年累计发生额的某些明细账户，每月结账时，应在“本月合计”行下结出自年初起至本月末止的累计发生额，登记在月份发生额下面，在摘要栏内注明“本年累计”字样，并在下面再通栏划单红线。12 月末的“本年累计”就是全年累计发生额，全年累计发生额下通栏划双红线。

（4）总账账户，平时只需结出月末余额，不需要结计本月发生额；年终结账时，为了总括反映本年全年各项资金运动情况的全貌，核对账目，要将所有总账账户结出全年发生额和年末余额，在摘要栏内注明“本年合计”字样，并在合计数通栏划双红线。

第八章 财产清查

第一节 财产清查的意义和分类

一、 财产清查的意义

（一）财产清查的概念

财产清查是通过对各种财产物资的实地盘点以及对各项存款、债权、债务的核查，将一定时点的实存数与账面结存数核对，借以查明账面结存数额和实际结存数额是否相符的一种专门方法。

准确反映企业财产物资和债权、债务的真实情况，既是会计核算的基本原则，也是经济管理对会计核算的客观要求。企业的各项财产物资总是处在不停的运动变化之中，其增减变动和结存情况是通过账簿记录来反映的。在实际工作中，虽然可以通过加强对会计凭证的日常审核，定期进行账证、账账核对，保证账簿记录的正确性，但是，账簿记录的正确性并不能保证财产物资的账存数和实存数完全一致。造成财产物资的账实不符的原因主要有：

（1）在财产物资的保管过程中，发生自然损耗。

（2）在管理和核算方面，由于手续不健全或制度不严密而发生的错收、错付等。

（3）由于计量或检验不准确，造成多收多付或少收少付等。

（4）由于管理不善或责任人的过失所造成的毁损、短缺、漏记、重记和计算不准等。

（5）即使在账实相符的情况下，由于财产物资的毁损变质使账簿记录不符合客观实际。

（6）自然灾害造成的非常损失。

（7）未达账项引起的账账、账实不符等。

上述种种原因都会影响账实的一致性，而账簿记录是编制财务报表的主要依据，若不能与企业实有数相符，则会计信息的真实性必然大打折扣。而会计信息的真实性是确保会计核算质量的前提，只有真实的会计信息，才能起到会计核算应有的作用。因此，为了正确掌握财产物资的真实情况，保证会计资料的准确可靠，必须在账簿记录的基础上，运用财产清查这一专门的方法，对各项财产进行定期或不定期的盘点和核对，保证做到账实相符。《中华人民共和国会计法》明确规定："各单位应当建立财产清查制度，保证账簿记录与实物款项相符。"

（二）财产清查的意义

加强财产清查工作，对于加强企业管理，充分发挥会计的监督作用具有重要意义。

1. 保证会计资料的真实和正确

通过财产清查，可以确定各项财产的实存数，将实存数与账存数进行对比，若不一致，确定盘盈、盘亏，并对差异产生的原因进行分析，采取有效措施，及时调整账簿记录，做到账实相符，从而保证会计资料的准确、可靠，为编制会计报表和经营管理提供可靠的数据资料。

2. 保护各项财产的安全和完整

财产清查既是会计核算的一项专门方法，又是一项行之有效的会计监督措施。通过财产清查，可以确定账簿记录的财产情况和实际财产情况是否一致，及时发现财产管理上存在的问题，若发现账实不符的情况，除及时调整账簿记录外，还要查明原因，进行适当的处理。如属于管理制度不健全、不完善造成的财产短缺或损失，则应进一步采取措施完善财产的管理制度，杜绝舞弊；如属于管理人员责任心不强，收发计量不严格造成的差错，则应当加强对管理人员的教育，制定相关的责任制度，严格管理；如属于贪污和盗窃行为造成的财产损失，则应当给予必要的法律制裁，从而保证单位各项财产的安全与完整。

3. 挖掘财产物资潜力，加速资金周转

通过财产清查，可以查明财产物资的储备和利用情况。对储备不足的，应予以补充，确保生产需要；对超储、积压、呆滞的财产物资，应及时处理，防止盲目采购和不合理的库存；对因管理不善而造成的财产霉烂变质，对设备或半产品不配套等情况，应及时提醒管理部门注意，使各单位对财产物资的管理更合理，充分挖掘物资潜力，促进物资的有效利用，加速资金周转。

4. 监督财经制度的贯彻执行

通过财产清查，可以核查各单位遵守财经纪律的情况，如有无非法挪用、贪污、盗窃等违纪行为的，应查明各项资金使用是否合理，是否符合国家的方针、政策、法规等，促使企业人员自觉遵守财经制度，维护财经纪律。

二、 财产清查的种类

财产清查可以按不同标准进行分类。

（一）按清查的对象和范围分类

财产清查按其清查对象和范围的不同，可分为全面清查和局部清查。

1. 全面清查

全面清查是指对全部财产进行全面的盘点和核对。工业企业的全面清查对象主要包括：

（1）现金、银行存款和银行借款等货币资金。

（2）所有固定资产、材料、在产品、库存商品及其他物资。

（3）各项在途材料、在途商品和在途物资。

（4）各项债权、债务款项。

（5）委托其他单位加工或保管的材料、商品及物资。

（6）受其他单位委托加工或保管的材料、商品及物资。

（7）出租、出借和租入、借入的固定资产等。

通过全面清查，可以全面了解企业资产状况，但参加的部门和人员多，工作量大。一般在下列情况下需要进行全面清查：

（1）年终结算前进行一次全面清查，以确保年度会计报表的真实性。

（2）单位撤销、合并、改组、改变隶属关系，单位主要负责人调离工作岗位，等等，进行一次全面清查，以明确经济责任。

（3）中外合资、国内联营开展清产核资时，进行全面清查，以摸清家底，准确核定资产。

2. 局部清查

局部清查是指根据需要对一部分财产物资所进行的清查。其清查对象主要是一些流动性强、易于损耗的资产，以及一些贵重的财产物资，如现金、材料、在产品和库存商品等。

局部清查范围小，内容少，涉及的人员也少，但专业性较强，一般在下列情况下需要进行局部清查：

（1）库存现金，应由出纳员在每日业务终了时清点核对，做到日清月结。

（2）企业与银行之间款项的核对。

（3）材料、在产品、库存商品等存货，除了年度清查外，应有计划地每月进行轮流盘点或重点抽查。

（4）贵重物资进行的经常盘点。

（5）企业与外单位的各项债权债务的经常查询。

（二）按清查时间分类

财产清查按清查时间不同，可分为定期清查和不定期清查。

1. 定期清查

定期清查是根据管理制度的规定或计划安排的时间对财产物资所进行的清查。这种清查，一般是在年末、季末、月末结账时进行，如月末结账时的定期局部清查、年终决算时的定期全面清查。其清查的对象不确定，可以是全面清查也可以是局部清查。通过定期清查，可以在编制会计报表前发现账实不符的情况，据以调整相关账簿的记录，使账实相符，从而保证会计报表资料的真实性。

2. 不定期清查

不定期清查是指事先不确定清查时间，而是根据实际需要所进行的临时性清查。其清查对象一般是局部清查，有时也涉及全面清查，其目的在于查明情况，分清责任，一般来说，不定期清查主要是在以下几种情况下进行：

（1）更换财产物资和现金保管人员时，要对有关人员所保管的财产物资和现金进行清查，以分清经济责任。

（2）发生自然灾害和意外损失时，要对受损财产进行清查，以查明损失情况。

（3）上级主管、财政、税务、审计和银行等部门，对本单位进行会计检查时，按检查的要求和范围对财产进行清查，以验证会计资料的可靠性。

（4）按规定开展临时性清产核资时，也可以是局部清查，应根据实际需要来确定清查的具体对象和范围。

此外，按财产清查的组织形式不同，财产清查还可分为单位内部组织的清查和外部组织的清查。

由于各种财产清查对象和时间要求不同，清查的目的和工作量大小不同，其适用情况也就不同。因此，在实际工作中，一方面为了加强会计核算工作必须建立财产清查制度；另一方面，也要根据本单位的需要和可能，选用适宜的财产清查方法。

第二节 财产清查的方法

一、 财产清查前的准备工作

财产清查是一项复杂、细致的工作，涉及面广，政策性强，涉及的人员多。为了使财产清查工作发挥原有的积极作用，有组织、有步骤和有秩序地顺利进行，保证财产清查工作的质量，提高工作效率，在财产清查之前，必须做好充分的准备工作。

（一）组织准备

为做好清查工作，应该根据财产清查的范围和任务成立相应的财产清查小组，配备必要的财产清查人员。财产清查小组成员主要由单位负责人、会计、业务、保管等部门的人员组成，必要情况下还应派职工代表参加。清查小组的主要任务是：

（1）在财产清查工作之前，根据管理制度、财产清查的目的和要求，制定出财产清查工作的详细步骤，确定清查的对象和范围，安排清查工作的时间进度，配备适当的清查人员，明确清查工作人员的分工与责任，确定清查方法。

（2）在财产清查过程之中，检查和督促有关工作，研究和解决清查工作过程中出现的问题。

（3）在财产清查工作结束之后，提出清查结果的处理意见，出具财产清查工作的书面报告。

（二）业务准备

为了保证清查工作的顺利进行，要做好清查前的各项业务准备工作，具体的准备工作主要包括以下几个方面：

（1）准备账簿。会计部门应在财产清查前，将截至清查日止的全部有关业务登记入账，同时结出余额，并将总分类账与有关明细分类账的余额进行核对，保证账簿记录资料完整准确，做到账证、账账相符，为清查人员进行账实核对提供可靠依据。

（2）整理实物。财产物资保管部门、应在截至清查日止，将全部业务填好凭证，登记入账，结出余额，并将各种财产物资堆放整齐，挂上标签，标明品种、规格、数量，以便进行实物盘点。

（3）核对往来款项。在财产清查之前，会计人员除将所有经济业务登记入账以外，还要对有关往来款项实施必要的核对，取得相关单证，以便查对，如银行存款应取得银行对账单。

（4）准备计量器具。清查前一定要准备好各种必要的度量衡器具，并进行检查和校正，保证计量的准确性。

（5）其他方面的准备。除上述物品准备之外，还应当根据清查的内容和要求准备好其他需用之物，如清查用的账表、记录用具等。

二、 实物资产的清查

（一）财产物资的盘存制度

财产物资的盘存制度包括永续盘存制和实地盘存制两种。

1. 永续盘存制

永续盘存制又称账面盘存制，是指以账簿记录为依据来确认财产物资结存数量的一种方法，即平时对各项财产物资的增减变动，都要根据会计凭证在有关的账簿中进行连续登记，随时结出期末账面余额的一种方法。其账面余额可按如下公式计算：

期末账面余额 = 期初账面余额 + 本期增加额 - 本期减少额

采用永续盘存制，平时对财产物资的增减变动都有严密的手续，且随时结出账面余额，能够及时反映财产物资的增减变动和结存情况，有利于加强财产物资管理，其不足之处在于核算工作量大，同时由于账簿中记录的财产物资的增减变动及结存情况都是根据有关会计凭证登记的，其账面结存数与实存数有可能不符。因此，即使采用永续盘存制单位，仍然需要对各项财产物资定期进行清查，以确保账实相符。

2. 实地盘存制

实地盘存制又称定期盘存制，是指在会计期末以具体盘点实物的结果为依据来确定财产物资结存数量的一种方法，即平时根据会计凭证在账簿中登记财产物资的增加额，不登记减少额，月末通过对各项财产物资的实地盘点，以实地盘点所确定的实存额作为账面结存额，倒挤出本期财产物资的减少额，并据以登记账簿的方法。财产物资的本期减少额可按如下公式计算：

本期减少额 = 期初账面余额 + 本期增加额 - 期末盘点实存数

采用实地盘存制，平时对财产物资的减少额不做账簿记录，大大简化了核算手续，减少了工作量。但核算手续不严密，不能及时反映财产物资的增减变动和结存情况，所确定耗用数额也不够准确，对管理中存在的问题不易发现，难以利用账簿记录来加强财产物资管理，不利于实行会计监督。因为，倒挤出的各项财产物资的减少数除了正常耗用的外，可能还有毁损和丢失的财产物资，所以，该方法通常只适用平均数量较多、变动频繁、平时难以计算耗费数量的物资。

综上所述，无论采用哪一种盘存制度，都必须定期或不定期地对财产物资进行清查盘点。

（二）存货的清查

存货的清查是指对材料、在产品、库存商品等进行的清查。由于存货的形态、体积、重量、堆放方式等不同，采用的清查方法也不同，主要有以下两种方法：

1. 实地盘点法

实地盘点法是指对被清查的实物，采用逐一清点数量或用计量仪器来确定其实存数量的一种方法。此方法数字准确可靠，清查质量高，但工作量大，对实物管理工作要求高。

2. 技术推算法

技术推算法是指通过量方、计尺等技术方法来推算财产物资实存数的一种方法。此方法工作量较小，但盘点数据不够准确，只适用大量成堆难以逐一清点的财产物资的清查，如露天堆放的煤、砂、石等。

为了明确经济责任，进行实物财产清查时，有关保管人员必须在场，并参加盘点工作。详细记录各项财产物资的编号、名称、规格、计量单位、数量、单价、金额等内容，并由盘点人员和实物保管人员分别签字盖章。对各项财产物资的盘点结果，应逐一填制“盘存单”。

盘点完毕，会计部门应根据“盘存单”上所列示的财产物资的实存数与账面结存记录进行核对。若发现财产物资账实不符时，应填制“实存账存对比表”，确定财产物资盘盈或盘亏的数额。

“实存账存对比表”是财产清查的重要报表，是调整账面记录的原始凭证，也是分析盈亏原因，明确经济责任的重要依据。

“实存”栏的数量和金额，应根据盘存单记录填列；“账存”栏的数量和金额，应根据各种明细分类账的余额填列。账存数小于实存数，填列在“盘盈”栏内；反之，账存数大于实存数，填列在“盘亏”栏内，“备注”栏填列盘盈、盘亏的原因及处理意见。

（三）固定资产的清查

固定资产的清查是指对单位房屋及建筑物、机器设备和运输设备等固定资产所实施的清查。由于固定资产的特点，在清查时一般采用实地盘点法，将固定资产明细账（或固定资产卡片）上的记录与固定资产实物进行逐项核对，以确定其账实是否相符。

在进行固定资产清查前，应当将固定资产总账的期末余额与固定资产明细账相核对，以保账账相符。在核对完固定资产的有关账簿记录后，应对固定资产进行实地盘点，盘点时，可按固定资产明细账（或固定资产卡片）上所列固定资产的名称、类别、编号等内容与实物逐一进行核对，确认账实是否相符。盘点结束后，清查人员应对盘点的结果进行登记，根据清查中发现的盘盈、盘亏等情况，在查明原因的基础上，编制“固定资产盘盈、盘亏报告表”。

“固定资产盘盈、盘亏报告表”是明确固定资产盘盈、盘亏状况及其原因的书面证明材料，同时也是明确经济责任的重要证据，是调整账面记录的原始凭证。

三、 货币资金的清查

（一）现金的清查

现金的清查，通常采用实地盘点法进行，即通过实地盘点确定库存现金的实存数，再与现金日记账的账面余额进行核对，以查明账实是否相符。

为了明确经济责任，在进行现金清查时，出纳员必须在场，并会同清查人员进行盘点。现金清查时，应注意审查：

（1）有无违反现金管理条例的收支，是否发生坐支现金的行为。

（2）有无存在白条抵库的情况，即是否存在使用不具备法律效力的借条、收据等充抵库存现金的情况。

（3）是否有超限额库存现金。

（4）账款是否相符。

现金盘点后，应根据盘点结果及现金日记账核对情况，填制“现金盘点报告表”。“现金盘点报告表”是重要的原始凭证，它既起到了“盘存单”的作用，又起到了“实存账存对比表”的作用；既表明了现金盘点的结果，又确定了现金盈亏的数额。“现金盘点报告表”必须由盘点人员和出纳员共同签字盖章才能生效。

（二）银行存款的清查

银行存款的清查是采用与开户银行核对账目的方法进行，即将本单位的银行存款日记账与开户银行对账单进行逐笔核对，以查明账实是否相符。

企业的银行存款日记账余额应与银行对账单的余额相等，但在实际工作中，两者往往不一致。究其原因有两种：一是双方记账有误；二是存在未达账项。

对于记账差错，凡属于银行对账单差错，应由银行核查更正；若属本于单位记账的差错，应按错账更正方法进行处理。

在双方记账均没有错误的情况下，银行对账单上的存款余额与本单位银行存款日记账上的存款余额，仍会出现不一致的情况，这是因为存在未达账项。所谓未达账项，是指企业与银行之间，由于取得凭证的时间不同，导致记账的时间不一致，从而引起一方已取得结算凭证登记入账，另一方由于未取得结算凭证而尚未入账的会计事项。就企业与银行之间的未达账项来说，一般有以下四种情况：

1. 企业已收，银行未收

企业已根据取得的结算凭证登记银行存款的增加，而银行还未取得结算凭证登记企业银行存款的增加。例如，企业销售产品收到支票，送存银行后即可根据银行盖章后的“进账单”回联，登记银行存款日记账，增加企业银行存款的金额，而银行不会马上登记增加企业银行存款的金额，要等款项收取手续办完后再登记增加。如果此时对账，就会形成企业已收、银行未收的情况。

2. 企业已付，银行未付

企业已根据取得的结算凭证登记银行存款的减少，但银行还未取得结算凭证登记企业银行存款的减少。例如，企业已开出一张支票支付材料款，企业根据支票存根，发货票及收料单等凭证，登记银行存款日记账，减少企业银行存款的金额，而销货方还未到银行办理进账手续，因而银行由于未接到支付款项的凭证登记企业银行存款的减少。如果此时对账，就会形成企业已付、银行未付的情况。

3. 银行已收，企业未收

银行已根据取得的结算凭证登记企业银行存款的增加，但企业未取得结算凭证登记企业银行存款的增加。例如，外地某单位给企业汇来款项，银行收到汇款单后，马上登记了企业银行存款的增加，但企业由于还未收到汇款凭证而未登记企业银行存款的增加。如果此时对账，就会形成银行已收、企业未收的情况。

4. 银行已付，企业未付

银行已根据取得的结算凭证登记企业银行存款的减少，但企业未取得结算凭证登记企业银行存款的减少。例如，银行代企业支付电话费，银行已取得支付款项的凭证扣减了企业的银行存款，但企业由于没有及时收到付款凭证而未登记企业银行存款的减少。如果此时对账，就会形成银行已付、企业未付的情况。

上述任何一种情况的发生，都会使企业银行存款账面余额与银行对账单余额不一致。出现上述1和4两种情况会使企业银行存款账面余额大于银行对账单账面余额；出现2和3两种情况则会使企业的银行存款账面余额小于银行对账单余额。为了消除未达账项的影响，企业应根据核对后发现的未达账项，编制“银行存款余额调节表”进行检查核对，如没有记账错误，调节后的双方余额应相等。

例8-1 某企业2008年5月末，银行存款日记账账面余额为42 000元，而银行对账单的余额为43 800元，经双方核对，存在以下未达账项。

（1）企业于5月30日从其他单位收到转账支票一张计2 000元，企业已作为银行存款增加入账，银行尚未入账。

（2）企业于5月30日开转账支票支付货款2 900元，企业已作为银行存款减少入账，收款单位尚未到银行办理转账手续。

（3）银行5月30日收到某公司汇给企业的销货款2 000元，银行已作为企业存款的增加入账，企业尚未收到收账通知。

（4）银行5月31日计算企业借款利息1 100元，并从企业银行存款账户划走，企业尚未收到付款通知。

经过调整后的存款余额相等，表明企业与银行的账目没有错误。若经过调整后的存款余额仍不一致，说明双方记账还有错误，应进一步查明原因，予以更正。

此外，还应当注意，上述经过调节后重新得出的余额，既不等于本单位的银行存款账面余额，也不等于银行对账单账面余额，它是本单位可以动用的银行存款实有数。编制银行存款余额调节表只是为了核对账目，并不能作为调整企业银行存款账面余额的原始凭证。对于银行已经入账而本单位尚未入账的未达账项，企业应在收到有关原始凭证之后，才能据以编制记账凭证，再登记入账。

四、 往来款项的清查

往来款项主要包括应收账款、应付账款、预收账款、预付账款、其他应收款和其他应付款等，各种往来款项的清查一般采用与对方单位核对账目的方法。具体的方法有电函、信函或查询等方式，由于往来款项既有与外单位发生的结算款式项，也有与本单位内部各部门和职工个人发生的结算款项，情况比较复杂。因此，在对往来款项的清查中，应根据实际情况采用不同的方法进行清查。

（一）外部往来款项的清查

对于与外部各单位发生的往来款项，一般采取“函证核对法”进行清查，清查单位应首先检查本单位各项外部往来款项记录的正确性和完整性，然后按外部单位编制“往来款项对账单”，送交对方单位进行核对。对账单应按明细账逐笔抄列，一式两份，其中一份作为回单，对方单位如核对相符，应在回单上加盖公章后退回，表示已核对，如核对不符，应将不符情况在回单上注明或另制对账单退回，作为进一步核对的依据。

对外部往来账项的清查，得出清查结果后，要及时采取措施，加强往来款项的管理，避免和减少坏账损失。

（二）内部往来款项的清查

对于内部各部门的应收、应付款项，可以确定时间定期由各部门财产清查人员和会计人员直接根据账簿记录核对，一般不需要再编制对账单和调节表。但对有关部门保管的定额备用金，应当同库存现金一样采取实地盘点办法进行清查；对于职工的各种代垫代付款项，通常可以采取抄列清单与本人核对或者用定期公布的办法加以核对。

对内部往来款项的清查，最后应根据清查结果编制“内部往来款项清查报告表”，对于拖欠款项的情况，应分析拖而不结的原因，以便报请上级处理。

第三节 财产清查结果的处理

一、 财产清查结果的处理程序

财产清查的结果，必须按规定严肃认真地处理，财产清查中发现的盘盈、盘亏、毁损、变质或超储积压等问题，应认真核准数字，查明原因，按规定的程序上报批准后再进行处理。其处理步骤如下：

（1）核准数字，查明各种差异的性质和原因，确定处理方法。根据财产清查结果编制“实存账存对比表”，核准货币资金、财产物资、往来款项等的盈亏数字，分析产生差异的原因，提出处理意见。一般情况下，对于定额内和无法确定责任者的盘亏，可以在不定期范围内从管理费用中核销；由于管理人员所造成的盘亏，应由过失人负责赔偿；由于非常损失造成的盘亏，经批准后应作为营业外支出处理；对贪污、盗窃等违法行为所造成的损失，应依法处理。

（2）调整账簿记录，做到账实相符。在核准数字、查明原因的基础上，根据“实存账存对比表”编制记账凭证，并据以登记账簿，通过账簿记录的调整，使各项财产物资做到账实相符。

（3）在做好调整账簿记录的同时，必须将编制完成的“实存账存对比表”和有关的文字说明材料报送有关领导和部门批准，根据批复意见，编制记账凭证，据以登记入账，予以核销。

二、 财产清查结果的核算

对财产清查结果的核算一般分两步进行：第一步，应根据有关“实存账存对比表”等原始凭证中列明的财产盘盈、盘亏和毁损的数字，编制记账凭证，并据以记入有关账簿使各项财产的账存数与实存数保持一致；第二步，根据产生差异的原因和批复意见，编制记账凭证，并据以登记有关账簿，转销盘盈、盘亏或毁损的数额。

（一） 账户设置

为了核算和监督财产清查中查明的各种财产的盘盈、盘亏和毁损及其处理情况，应当设置“待处理财产损溢”账户。借方登记发生的财产清查所确定的各项待处理财产的盘亏和毁损的金额以及批准结转的各项待处理财产的盘盈数；贷方登记财产清查所确定的各项待处理财产的盘盈金额以及批准结转的各项待处理财产的盘亏和毁损金额。期末，该账户若有借方余额，则表示尚未批准处理的财产物资的盘亏和毁损数；若有贷方余额，则表示尚未批准处理财产物资的盘盈数。如果清查结果全部处理完毕，该账户应无余额。“待处理财产损溢”账户的结构如下所示。

为了分别核算和监督企业固定资产和流动资产的盈亏情况，该账户下应设置“待处理固定资产损溢”和“待处理流动资产损溢”两个明细账户进行明细分类核算。

（二） 财产清查结果的账务处理

1. 存货清查结果的账务处理

（1）存货盘盈的账务处理。

企业在清查过程中，发现材料、半成品和产成品等存货盘盈时，应根据“实存账存对比表”，将盘盈存货的价值借记“原材料”、“库存商品”等账户借方，同时贷记“待处理财产损溢——待处理流动资产损溢”账户；报经批准后，冲减管理费用，即借记“待处理财产损溢——待处理流动资产损溢”账户，贷记“管理费用”账户。

例 8-2 某企业在财产清查中发现多出甲材料 10 千克，该材料单价 70 元 / 千克。

在报经有关部门和领导审批前，应根据核对准确的“实存账存对比表”确认材料盘盈情况，编制记账凭证，并据以登记有关账簿，使账实相符。会计分录如下：

借：原材料 700

贷：待处理财产损溢——待处理流动资产损溢 700

在报经领导批准后，按批准意见，转销盘盈。做会计分录如下：

借：待处理财产损溢——待处理流动资产损溢 700

贷：管理费用 700

（2）存货盘亏的账务处理。

企业在清查过程中，对于存货各项目的盘亏和损毁，应根据“实存账存对比表”，将盘亏或毁损的存货价值借记“待处理财产损溢——待处理流动资产损溢”账户，同时贷记“原材料”、“库存商品”等账户；报经有关部门批准后，如果有能够收回的残料价值应借记“原材料”等账户，扣除能收回的残料价值后作为净损失，根据不同的盘亏和毁损原因做出不同的处理：

① 属于定额内的自然损耗或者是管理不善造成的超定额净损失，应当借记“管理费用”账户。

② 属于应由责任人赔偿的损失，应由责任人赔偿，借记“其他应收款”账户。

③ 属于自然灾害等原因造成的非常损失，应由保险公司赔偿的部分借记“其他应收款”账户，其余净损失借记“营业外支出——非常损失”账户。

同时，按盘亏和毁损总额贷记“待处理财产损溢——待处理流动资产损溢”账户。

例 8-3 某企业在财产清查中，发现乙材料盘亏 20 千克，该材料单价为 150 元 / 千克，经调查，该盘亏属于定额内损耗。

在报经有关部门和领导审批前，应根据核对准确的“实存账存对比表”确认材料盘亏及毁损情况，编制记账凭证，并据以登记有关账簿，使账实相符。会计分录如下：

借：待处理财产损溢——待处理流动资产损溢 3 000

　　贷：原材料 3 000

将上述调查处理意见报经领导批准后，属于定额内损耗应借记“管理费用”，同时，贷记“待处理财产损溢——待处理流动资产损溢”账户。会计分录如下：

借：管理费用 3 000

　　贷：待处理财产损溢——待处理流动资产损溢 3 000

例 8-4 某企业在进行材料清查时，发现丙材料短缺 1 件，毁损 50 件，丙材料单位成本 60 元。经估计，丙材料毁损部分收得残料共计 1 000 元。经调查，短缺丙材料系由保管员责任所致，毁损丙材料系水灾所致。

在报经有关部门和领导审批前，应根据核对准确的“实存账存对比表”确认材料盘亏及毁损情况，编制记账凭证，并据以登记有关账簿，使账实相符。会计分录如下：

借：待处理财产损溢——待处理流动资产损溢 3 060

　　贷：原材料 3 060

将上述调查处理意见报经领导批准后，收回的残料价值借记“原材料”，属于责任人赔偿的损失借记“其他应收款”，其余净损失作为非常损失借记“营业外支出——非常损失”，同时，贷记“待处理财产损溢——待处理流动资产损溢”账户。会计分录如下：

借：原材料——废料 1 000

其他应收款——保管员 60

营业外支出——非常损失 2 000

贷：待处理财产损溢——待处理流动资产损溢 3 060

2. 固定资产清查结果的账务处理

（1）固定资产盘盈的账务处理。

发生盘盈的固定资产的价值在“以前年度损益调整”科目核算，不通过“待处理财产损益”科目核算。所以，相关内容在中级财务会计中介绍。

（2）固定资产盘亏的账务处理。

企业在固定资产清查过程中，发现固定资产盘亏和毁损时，应按固定资产的账面原始价值贷记“固定资产”账户，按账面已提折旧借记“累计折旧”账户，按两者的差额借记“待处理财产损溢——待处理固定资产损溢”账户。报经有关部门批准后，如果有能够收回的残料价值应借记“银行存款”等账户，扣除能收回的残料价值后作为净损失，根据不同的盘亏和毁损原因做出不同的处理：

① 由于责任人事故导致的固定资产盘亏、毁损，应由责任人赔偿，借记“其他应收款”账户。

② 由于自然灾害等原因造成的固定资产毁损，应由保险公司

赔偿的部分借记“其他应收款”账户，其余净损失借记“营业外支出——固定资产盘亏”账户。

③ 由于管理不善等原因造成的固定资产盘亏、毁损，借记“营业外支出——固定资产盘亏”账户。

同时，贷记“待处理财产损溢——待处理固定资产损溢”账户。

例 8-5 某企业在财产清查中，发现短缺设备 1 台，原始价值为 20 000 元，已提折旧 7 000 元，企业已将上述情况报领导批准。

在报经有关部门和领导审批前，应根据核对准确的“固定资产盘盈、盘亏报告表”确认固定资产盘亏情况，编制记账凭证，并据以登记有关账簿，使账实相符。会计分录如下：

借：待处理财产损溢——待处理固定资产损溢 13 000

累计折旧 7 000

贷：固定资产 20 000

在报经领导批准后，按批准意见，转销盘亏。做会计分录如下：

借：营业外支出——固定资产盘亏 13 000

贷：待处理财产损溢——待处理固定资产损溢 13 000

例 8-6 某企业在财产清查中，发现毁损机器设备 1 台，原始价值为 60 000 元，已提折旧 30 000 元，查明原因是水灾所致，保险公司同意赔偿 10 000 元，企业已将上述情况报领导批准。

在报经有关部门和领导审批前，应根据核对准确的“固定资产盘盈、盘亏报告表”确认固定资产毁损情况，编制记账凭证，并据以登记有关账簿，使账实相符。会计分录如下：

借：待处理财产损溢——待处理固定资产损溢 30 000

累计折旧 30 000

贷：固定资产 60 000

在报经领导批准后，按批准意见，转销盘亏。做会计分录如下：

借：其他应收款——保险公司 10 000

营业外支出——固定资产盘亏 20 000

贷：待处理财产损溢——待处理固定资产损溢 30 000

3. 现金清查结果的账务处理

（1）现金盘盈的账务处理。

现金清查中发现现金益余时，应根据“现金盘点报告单”进行账务处理。按益余金额，借记“库存现金”账户，贷记“待处理财产损溢——待处理流动资产损溢”账户。查明原因后，根据不同的益余原因做出不同的处理：

① 属于应支付有关人员或单位的，应贷记“其他应付款××个人或单位”账户，借记“待处理财产损溢——待处理流动资产损溢”账户。

② 属于无法查明原因的现金益余，经批准后，贷记“营业外收入”账户，借记“待处理财产损溢——待处理流动资产损溢”账户。

例 8-7 现金清查发现益余 150 元，经反复核查，未查明原因，企业已将上述情况报领导批准。

在报经有关部门和领导审批前，应根据“现金盘点报告单”确认现金益余，编制记账凭证，并据以登记有关账簿，使账实相符。会计分录如下：

借：库存现金 150

贷：待处理财产损溢——待处理流动资产损溢 150

在报经领导批准后，按批准意见处理。编制会计分录如下：

借：待处理财产损溢——待处理流动资产损溢 150

贷：营业外收入 150

（2）现金盘亏的账务处理。

对于现金短缺，应按实际短缺的金额，借记“待处理财产损溢——待处理流动资产损溢”账户，贷记“库存现金”账户，查明原因后，根据不同的盘亏原因做出不同的处理：

① 属于应由责任人或保险公司赔偿的部分，借记“其他应收款”账户，贷记“待处理财产损溢——待处理流动资产损溢”账户。

② 属于无法查明的其他原因的，经批准后借记“管理费用”账户，贷记“待处理财产损溢——处理流动资产损溢”账户。

例 8-8 企业在现金清查中发现短缺 200 元，经查属出纳员王飞的责任，应由其赔偿，企业已将上述情况报领导批准。

在报经有关部门和领导审批前，应根据“现金盘点报告单”确认现金盘亏金额，编制记账凭证，并据以登记有关账簿，使账实相符。会计分录如下：

借：待处理财产损溢——待处理流动资产损溢 200

贷：库存现金 200

根据查明的原因，报经批准后，编制会计分录如下：

借：其他应收款——王飞 200

贷：待处理财产损溢——待处理流动资产损溢 200

例 8-9 企业在现金清查中发现短缺 100 元，无法查明原因，企业已将上述情况报领导批准。

在报经有关部门和领导审批前，应根据“现金盘点报告单”确认现金盘亏金额，编制记账凭证，并据以登记有关账簿，使账实相符。会计分录如下：

借：待处理财产损溢——待处理流动资产损溢 100

贷：库存现金 100

报经批准后，编制会计分录如下：

借：管理费用 100

贷：待处理财产损溢——待处理流动资产损溢 100

4. 坏账损失的账务处理

坏账损失是指因债务人破产或死亡，以其破产财产或者遗产清偿后，仍然不能收回的应收账款，或者因债务人逾期未履行偿债义务超过 3 年仍不能收回的应收账款。

在往来款项的清查过程中，对于长期无法结清的往来款项，应及时处理，由于对方单位撤销或债务人不存在等原因造成确实无法收回的应收款项，按照坏账损失确认的原则，经批准后确认坏账损失，予以转销。

我国《企业会计准则》规定，企业应采用一定的方法按期估计坏账损失，设置“坏账准备”账户，按照估计的坏账损失，借记“资产减资损失”，贷记“坏账准备”。等到实际发生坏账损失时，冲销已计提的坏账准备和相应的应收账款，借记“坏账准备”，贷记“应收账款”。

例 8-10 企业根据一定方法估计确定 2004 年年末应计提坏账准备 40 000 元。

计提坏账准备时，应借记“资产成值损失”账户，贷记“坏账准备”账户，会计分录如下：

借：资产减值损失 40 000

　　贷：坏账准备 40 000

例 8-11 承上例，2005 年 6 月底，企业在进行往来款项清查时，发现有一笔天发公司的应收账款 20 000 元，因天发公司已破产无法收回，经批准作为坏账损失处理。

实际发生坏账损失时，经批准后可以转销，借记“坏账准备”，贷记“应收账款”。会计分录如下：

借：坏账准备 20 000

　　贷：应收账款 20 000

第九章 财务会计报告

第一节 财务会计报告的概述

一、 财务会计报告的概念

财务会计报告是会计核算工作的结果，是指企业对外提供的反映企业在某一特定日期财务状况和某一会计期间经营成果、现金流量情况的书面文件。财务会计报告是财务会计部门提供财务会计信息资料的一种重要手段。

企业的日常会计核算，能够提供反映会计主体经营活动和财务收支情况的会计信息，但这些信息在会计凭证和会计账簿上的反映还是比较分散的，不便于理解和利用，也很难符合国家宏观经济管理的要求，更难以满足该单位内部加强经营管理的需要。所以，在日常会计核算的基础上，定期对日常会计核算资料进行加工处理和分类，通过编制财务会计报告，综合、清晰地反映会计主体的财务状况和经营成果以及财务收支情况。

二、 财务会计报告的组成

企业对外提供的财务会计报告的种类和格式由《企业会计准则》规定。现行准则规定企业的财务会计报告至少应当包括下列组成部分：资产负债表、利润表、所有者权益（或股东权益，下同）变动表、现金流量表和附注。

三、 财务会计报告的作用

企业编制财务会计报告的主要作用，是为财务会计报告使用者提供决策所需要的会计信息资料。财务会计报告的使用者通常包括投资者、债权人、政府及相关机构、企业管理人员、职工和社会公众等。不同的报告使用者对财务会计报告所提供信息资料的要求各有侧重。

股东主要关注的是投资的内在风险和投资报酬。为此，企业编制的财务会计报告，应当着重为其提供有关企业的盈利能力、资本结构和利润分配政策等方面的信息。

债权人主要关注的是其所提供给企业的资金是否安全，自己的债权是否能够按期如数收回。为此，企业编制的财务会计报告，应当着重为他们提供有关企业偿债能力的信息。

政府相关机构最关注的是国家资源的分配和运用情况，需要了解与经济政策（如税收政策）的制定、国民收入的统计等有关方面的信息。为此，企业编制的财务会计报告，应当着重为其提供有关企业的资源及其运用、分配方面的情况，为国家的宏观决策提供必要的信息资料。

企业管理人员最关注的是企业财务状况的好坏、经营业绩的大小以及现金的流动情况。为此，企业编制的财务会计报告应当着重为其提供有关企业某一特定日期的资产、负债与所有者权益情况，以及某一特定经营期间经营业绩与现金流量方面的信息资料，并为企业以后进行生产经营决策、改善生产经营管理提供参考资料。

企业职工最关注的是企业为其所提供的就业机会及其稳定性、劳动报酬高低和职工福利好坏等方面的信息，而上述情况又与企业的资本结构及盈利能力等情况密切相关。因此，企业编制的财务会计报告除了需要提供以上信息资料外，还需提供与职工福利相关的信息资料。

社会公众（包括企业潜在的投资者或债权人）主要关注企业（特别是对股份有限公司）的兴衰及其发展情况。为此，企业编制的财务会计报告应当着重为其提供有关企业目前状况及其未来发展趋势等有关方面的资料，帮助他们了解企业，并为其未来的投资决策提供信息。

四、 财务会计报告的分类

财务会计报告可以按照不同的标准进行分类。

（一）按反映的经济内容分类

财务会计报告按其反映的经济内容不同，可以分为静态报告和动态报告。静态报告是指综合反映企业某一特定日期资产、负债和所有者权益状况的报告，如资产负债表及其附表等；动态报告是指综合反映企业一定期间的经营成果、现金流量情况的报告，如利润表及所有者权益变动表、现金流量等。

（二）按编报时间分类

财务会计报告按其编报时间不同，可以分为月度、季度、半年度和年度财务会计报告。月度、季度财务会计报告是指月度和季度终了提供的财务会计报告；半年度财务会计报告是指在每个会计年度的前

6个月结束后对外提供的财务会计报告；年度财务会计报告是指在年度终了对外提供的财务会计报告。月报要求简明扼要，及时反映；年报要求提示完整，反映全面；而季报和半年报在会计信息资料的详细程度方面，则介于两者之间。《企业会计制度》将半年度、季度和月度财务会计报告统称为中期财务会计报告。

（三）按编制主体分类

财务会计报告按编制主体不同，可以分为个别报告和合并报告。个别报告是指由各会计主体（如子公司、母公司等）在自身会计核算基础上，对账簿记录进行汇总加工而编制的财务会计报告，它主要用于反映各会计主体自身的财务状况、经营成果和现金流量情况。合并报告是以母公司和子公司组成的企业集团为会计主体，根据母公司和所属子公司的财务会计报告，由母公司编制的综合反映企业集团财务状况、经营成果及现金流量的财务会计报告。

五、 财务会计报告的编制要求

为了使财务会计报告能够最大限度地满足有关各方的需要，实现编制财务会计报告的基本目的，充分发挥财务会计报告的作用，企业编制的财务会计报告应当做到真实可靠、相关可比、全面完整、编报及时、便于理解。

（一）真实可靠

财务会计报告各项目的数据必须建立在真实可靠的基础之上，使企业财务会计报告能够如实地反映企业的财务状况、经营成果和现金流量情况。因此，财务会计报告必须根据审核无误的账簿及相关资料编制，不得以任何方式弄虚作假。如果财务会计报告所提供的资料不真实或可靠性很差，则不仅不能发挥财务会计报告应有的作用，而且还会由于错误的信息资料，导致财务会计报告使用者对企业的财务状况、经营成果和现金流量情况作出错误的评价判断，致使报告使用者作出错误的决策。《企业会计准则》明确规定，会计核算应当以实际发生的交易或事项为依据，如实反映企业的财务状况、经营成果和现金流量。

（二）相关可比

企业财务会计报告所提供的财务会计信息资料必须与报告使用者的决策需要相关，满足报告使用者的需求，并且财务会计报告项目的数据应当口径一致、相互可比，便于报告使用者在不同企业之间及同一企业前后各期之间进行比较。只有提供相关且可比的信息资料，才能使报告使用者分析企业在整个社会特别是同行业中的地位，了解、判断企业过去、现在的情况，预测企业未来的发展趋势，从而为报告使用者的决策提供服务。

（三）全面完整

企业财务会计报告应当全面地披露企业的财务状况、经营成果和现金流量情况，完整地反映企业财务活动的过程和结果，以满足各有关方面对财务会计信息资料的需要。为了保证财务会计报告的全面和完整，企业在编制财务会计报告时，应当按照《企业会计准则》规定的格式和内容填报。特别对某些重要事项，应当按照要求在财务会计报告附注中进行说明，不得漏编漏报。

（四）编报及时

企业财务会计报告所提供的信息资料，具有很强的时效性。只有及时编制和报送财务会计报告，才能为使用者提供决策所需的信息资料。否则，即使财务会计报告的编制非常真实可靠、全面完整且具有可比性，但由于编报不及时，也可能降低其应有的价值，成为相关性较低，甚至不相关的信息资料。随着市场经济和信息技术的迅速发展，财务会计报告的及时性要求将变得日益重要。

（五）便于理解

可理解性是指财务会计报告提供情报的信息资料可以为使用者所理解。企业对外提供的财务会计报告是为广大财务会计报告使用者提供企业过去、现在和未来的有关资料，为企业目前或潜在的投资者和债权人提供决策所需的会计信息资料。因此，编制的财务会计报告应清晰明了，便于理解和使用。如果提供的财务会计报告晦涩难懂，不可理解，使用者就不能据以作出准确的判断，所提供的财务会计报告的作用也会大大减小。当然，财务会计报告的这一要求是建立在财务会计报告使用者具有一定的财务会计报告阅读能力的基础上。

六、 财务会计报告的报送要求及审批

财务会计报告是反映会计主体财务状况、经营成果和财务收支的书面文件。为了充分发挥财务会计报告的作用，应当依照法律、行政法规和国家统一的会计制度的规定，及时对外提供财务会计报告。

企业对外提供的财务会计报告应当依次编定页数，加具封面，装订成册，加盖公章。封面上应当注明企业名称、企业统一代码、组织形式、地址、报表所属年度或者月份、报出日期，并由企业负责人和主管会计工作的负责人、会计机构负责人（会计主管人员）签名并盖章。设置总会计师的企业还应当由总会计师签名并盖章。

月度财务会计报告应当于月度终了后6天内（节假日顺延，下同）对外提供；季度财务会计报告应当于季度终了后15天内对外提供；半年度财务会计报告应当于年度中期结束后60天内（相当于两个连续的月份）对外提供；年度财务报告应当于年度终了后4个月内对外提供。会计报表的填列，以人民币“元”为金额单位，“元”以下填至“分”。

各有关部门或注册会计师对报送的财务会计报告应当进行审核，主要审核会计报表的编制、报送是否符合规定，会计报表的内容是否符合财经法规、制度的要求。

第二节 资产负债表

一、 资产负债表的概念和作用

资产负债表是反映企业某一特定日期（如月末、季末、半年末、年末等）财务状况的会计报表，是静态报表。通过编制资产负债表，可以反映企业资产的构成状况，分析企业在某一日期所拥有的经济资源及其分布情况；可以反映企业某一日期的负债总额及其结构，分析企业目前与未来的需要支付的债务数额；可以反映企业所有者权益的情况，了解企业现有的投资者在企业资产中所占的份额。通过对资产负债表项目金额及其相关比率的分析，可以帮助报表使用者全面了解企业的财务状况，分析企业的债务偿还能力，从而为未来的经济决策提供信息。例如，通过对资产负债表的分析，可以计算流动比率、速动比率，以了解企业的短期偿债能力；通过对资产负债表的分析，可以计算资产负债率，以了解企业偿还到期长期债务的能力。

二、 资产负债表的格式

资产负债表是根据“资产 = 负债 + 所有者权益”这一会计等式，依照一定的分类标准和顺序，将企业在某一特定日期的全部资产、负债和所有者权益项目进行分类、汇总、排列后编制而成的。

目前，国际上流行的资产负债表格式主要有账户式和报告式两种。

（一）报告式资产负债表

报告式资产负债表，也称垂直式资产负债表，是将资产、负债、所有者权益项目采用垂直分列的形式排列于表格的上下两段。

（二）账户式资产负债表

账户式资产负债表是按照丁字形账户的形式设计，分左、右两方。左方为资产类项目，按照资产的流动性由强到弱的顺序排列，即“流动资产”“长期投资”“固定资产”和“无形资产及其他资产”。其中流动资产项目是按照变现能力强弱顺序排列的，如“货币资金”“短期投资”“应收票据”和“存货”等。右方为负债及所有者权益类项目，按求偿先后顺序先排负债，再排所有者权益。负债类项目按照偿还期由短到长的顺序排列，即“流动负债”和“长期负债”。所有者权益项目以其永久性程度由高到低顺序排列，即“实收资本”“资本公积”“盈余公积”和“未分配利润”。左右两方总计金额相等，反映了资产、负债、所有者权益之间的内在关系，即“资产 = 负债 + 所有者权益”。

报告式资产负债表和账户式资产负债表在国外都被广泛采用，根据我国《企业会计准则》的规定，我国企业的资产负债表应当采用账户式资产负债表。

三、 资产负债表的编制

（一）资产负债表的资料来源

通常，资产负债表各项目一般均有“年初数”和“期末数”两栏。资产负债表的“年初数”栏内各项数字，应根据上年末资产负债表的“期末数”栏内所列数字数列。如果本年度资产负债表规定的各项目的名称和内容与上年度不一致，则应对上年年末资产负债表各项目的名称和数字按照本年度的规定进行调整，再填入本表“年初数”栏。

资产负债表的“期末数”栏则根据会计报表编报时间，可为月末、季末、半年末或年末的数字，“期末数”主要是通过对本会计期间的会计核算记录的数据加以归集、整理而成，其资料来源有以下几个方面。

1. 根据总账科目余额直接填列

若资产负债表中所列示的项目反映的内容与某一总账科目反映内容一致，则应根据总账科目的余额直接填列，如“应收票据”项目是根据“应收票据”总账科目的期末余额直接填列；“短期借款”项目是根据“短期借款”总账科目的期末余额直接填列等。这类项目还有应收股利、应收利息、应收补贴款、应付票据、应付职工薪酬、应付股利、应交税费、其他应交款、其他应付款、预计负债、递延税款负债、实收资本（或股本）、已归还投资、资本公积和盈余公积等。

2. 根据几个总账科目余额计算填列

如“货币资金”项目是根据“库存现金”“银行存款”“其他货币资金”三个总账科目的期末余额代数和计算填列。这类项目还有存货等。

3. 根据明细账科目余额计算填列

资产负债表中的有些项目，不能根据总账科目的期末余额或几个总账科目的期末余额计算填列，需要根据有关科目所属的相关明细账科目的期末余额来计算填列，如“预付账款”项目是根据“应付账款”和“预付账款”两个总账科目所属明细账户的期末借方余额计算填列。这类项目还有应收账款、应付账款和预收账款等。

4. 根据总账科目和明细账科目余额分析计算填列。资产负债表中的许多项目，不能根据总账科目的期末余额直接或计算填列，也不能根据有关科目所属相关明细科目的期末余额计算填列，需要依据总账科目和明细科目两者的余额分析计算填列。例如，①“一年内到期的非流动资产”项目，需要根据“可供出售的金融资产”“持有至到期投资”等明细科目分析后，将一年内快到期的金额填入该项目内；②“一年内到期的非流动负债”项目，根据“长期借款”等明细科目分析后，将一年内将到期的金额填入该项目内。这类项目还有应付债券、长期应付款和长期待摊费用等。

5. 根据科目余额减去其备抵项目后的净额填列

如“应收账款”项目是根据“应收账款”总账科目的期末余额，减去“坏账准备”备抵账户余额后的净额填列。这类项目还有其他应收款、存货、在建工程和无形资产等。

6. 根据表中项目计算填列

如“流动资产合计”项目、“固定资产净值”项目、“流动负债合计”项目、“无形资产及其他资产合计”项目、“资产总计”项目、“流动负债合计”项目、“长期负债合计”项目、“负债合计”项目、“实收资本（或股本）净额”项目、“所有者权益（或股东权益）合计”项目和“负债和所有者权益（或股东权益）总计”项目等。

（二）资产负债表各项目的填列方法

下面参照《企业会计准则》，就资产负债表中各项目的详细填列方法说明如下。

1. 资产项目的填列方法

（1）“货币资金”项目，反映企业库存现金、银行结算户存款、外埠存款、银行汇票存款、银行本票存款、信用卡存款、信用证保证金存款、存出投资款等的合计数。本项目应根据“库存现金”、“银行存款”和“其他货币资金”三个总账科目的期末余额的合计数填列。

例 9-1 某企业 2008 年 12 月 31 日结账后的“库存现金”科目余额为 2 000 元，“银行存款”科目余额为 600 000 元，“其他货币资金”科目余额为200 000元。则该企业2008年12月31日的资产负债表中的“货币资金”项目金额为：

2 000+600 000+200 000=802 000（元）

（2）“交易性金融资产”项目，反映企业为交易目的所持有的债权投资、股票投资和基金投资等交易性金融资产的公允价值。本项目应根据“交易性金融资产”科目的期末余额填列。

（3）“应收票据”项目，反映企业收到的未到期并且未向银行贴现的商业汇票，包括商业承兑汇票和银行承兑汇票。本项目应根据“应收票据”科目的期末余额填列。已向银行贴现和已背书转让的应收票据，不包括在本项目内，其中已贴现的商业承兑汇票，应在会计报表附注中单独披露。

（4）“应收股利”项目，反映企业因股权投资而应收取的现金股利，企业应收其他单位的利润，也包括在本项目内。本项目应根据“应收股利”科目的期末余额填列。

（5）“应收利息”项目，反映企业因债权投资而应收取的利息。企业购入到期还本付息债券应收的利息，不包括在本项目内。本项目应根据“应收利息”科目的期末余额填列。

（6）“应收账款”项目，反映企业因销售商品、产品和提供劳务等而应向购买单位收取的各种款项，减去已计提的坏账准备后的净额。本项目应根据“应收账款”和“预收账款”科目所属各明细科目的期末借方余额合计减去“坏账准备”科目中有关应收账款计提的坏账准备期末余额后的金额填列，如“应收账款”科目所属明细科目期末有贷方余额的，应在本表“预收账款”项目内填列。

（7）“其他应收款”项目，反映企业对其他单位和个人应收和暂付款项，减去已计提的坏账准备后的净额。本项目应根据“其他应收款”科目的期末余额，减去“坏账准备”科目中有关其他应收款计提的坏账准备期末余额后的金额填列。

（8）“预付账款”项目，反映企业预付给供货单位或供应劳务单位的款项。本项目应根据“预付账款”和“应付账款”科目所属明细科目的期末借方余额合计数填列，如“预付账款”科目所属各明细科目期末有贷方余额的，应在本表“应付账款”项目内填列。

（9）“存货”项目，反映企业期末在库、在途和在加工中的各种存货的可变现净值。存货包括各种材料、商品、在产品、半成品、包装物、低值易耗品、分期收款发出商品、委托代销商品和受托代销商品等。本项目应根据“材料采购”、“原材料”、“低值易耗品”、“库存商品”、“周转材料”、“委托加工物资”、“委托代销商品”和“生产成本”等科目的期末余额合计，减去“受托代销商品款”和“存货跌价准备”科目期末余额后的金额填列。材料采用计划成本核算，以及库存商品采用计划成本核算或售价核算的企业，还应按加或减“材料成本差异”和“商品进销差价”后的金额填列。

例 9-2 某企业采用计划成本核算，2008 年 12 月 31 日结账后有关科目余额为：“材料采购”科目余额为借方 24 000 元，“原材料”科目余额为借方 200 000 元，“包装物”科目余额为借方 60 000 元，“低值易耗品”科目余额为借方 40 000 元，“库存商品”科目余额为借方150 000元，“委托加工物资”科目余额为借方50 000元，“生产成本”科目余额为借方100 000元，“材料成本差异”科目余额为贷方15 000元。则该企业2008年12月31日资产负债表中“存货”项目的金额为：

24 000+200 000+60 000+40 000+150 000+50 000+100 000-15 000=609 000（元）

（10）“一年内到期的非流动资产”项目，反映企业将于一年内到期的非流动资产。本项目应根据有关账户的期末余额分析计算填列。

（11）“其他流动资产”项目，反映企业除以上流动资产项目外的其他流动资产。本项目应根据有关科目的期末余额填列，如其他流动资产价值较大的，应在会计报表附注中披露其内容和金额。

（12）“可供出售金融资产”项目，反映企业持有的以公允价值计量的可供出售的股票投资、债券投资等金融资产。本项目应根据“可供出售金融资产”科目的期末余额，减去“可供出售金融资产减值准备”科目期末余额后的金额填列。

（13）“持有至到期投资”项目，反映企业持有的以摊余成本计量的持有至到期投资。本项目应根据“持有至到期投资”科目的期末余额，减去“持有至到期投资减值准备”科目期末余额后的金额填列。

（14）“长期股权投资”项目，反映企业不准备在一年内（含一年）变现的各种股权性质的投资的可收回金额。本项目应根据“长期股权投资”科目的期末余额，减去“长期投资减值准备”科目中有关股权投资减值准备期末余额后的金额填列。

（15）“固定资产原价”项目和“累计折旧”项目，反映企业的各种固定资产原价及累计折旧。融资租入的固定资产，其原价及已提折旧也包括在内。融资租入固定资产原价应在会计报表附注中另行反映。这两个项目应根据“固定资产”科目和“累计折旧”科目的期末余额填列。

（16）“固定资产减值准备”项目，反映企业计提的固定资产减值准备。本项目应根据“固定资产减值准备”科目的期末余额填列。

（17）“工程物资”项目，反映企业尚未使用的各项工程物资的实际成本。本项目应根据“工程物资”科目的期末余额填列。

（18）“在建工程”项目，反映企业期末各项未完工工程的实际支出。在建工程的实际支出包括交付安装的设备价值、未完建筑安装工程已经耗用的材料、工资和费用支出、预付出包工程的价款等。本项目应根据“在建工程”科目的期末余额，减去“在建工程减值准备”科目期末余额后的金额填列。

（19）“固定资产清理”项目，反映企业因出售、毁损、报废等原因转入清理但尚未清理完毕的固定资产的净值，以及固定资产清理过程中所发生的清理费用和变价收入等各项金额的差额。本项目应根据“固定资产清理”科目的期末借方余额填列；如“固定资产清理”科目期末为贷方余额，以“-”号填列。

（20）“无形资产”项目，反映企业各项无形资产的期末可收回金额。本项目应根据“无形资产”科目的期末余额，减去“累计摊销”

和“无形资产减值准备”科目期末余额后的金额填列。

（21）“其他长期资产”项目，反映企业除以上资产以外的其他长期资产。本项目应根据有关科目的期末余额填列，如其他长期资产价值较大的，应在会计报表附注中披露其内容和金额。

2. 负债项目的填列方法

（1）“短期借款”项目，反映企业借入尚未归还的一年期以内（含一年）的借款。本项目应根据“短期借款”科目的期末余额填列。

（2）“交易性金融负债”项目，反映企业承担的以公允价值计量且变动计入当期损益的为交易目的所持有的金融负债。本项目应根据“交易性金融负债”科目的期末余额填列。

（3）“应付票据”项目，反映企业为了抵付货款等而开出、承兑的尚未到期付款的商业汇票，包括商业承兑汇票和银行承兑汇票。本项目应根据“应付票据”科目的期末余额填列。

（4）“应付账款”项目，反映企业购买材料、商品或接受劳务供应等而应付给供应单位的款项。本项目应根据“应付账款”和“预付账款”科目所属各明细科目的期末贷方余额合计数填列；如“应付账款”科目所属明细科目期末有借方余额的，应在本表“预付账款”项目内填列。

（5）“预收账款”项目，反映企业预收购买单位的账款。本项目应根据“预收账款”和“应收账款”科目所属各明细科目的期末贷方余额合计数填列，如“预收账款”科目所属各明细科目期末有借方余额，应在本表“应收账款”项目内填列。

例 9-3 某企业 2008 年 12 月 31 日结账后的有关科目余额及明细如下：

应收账款总账余额为借方 180 000 元，其中，应收账款——A 公司借方余额 200 000 元，应收账款——B 公司贷方余额 20 000 元；

预付账款总账余额为借方 60 000 元，其中，预付账款——C 公司借方余额 100 000 元，预付账款——D 公司贷方余额 40 000 元；

应付账款总账余额为贷方 160 000 元，其中，应付账款——E 公司借方余额 30 000 元，应付账款——F 公司贷方余额 190 000 元；

预收账款总账余额为贷方 100 000 元，其中，预收账款——H 公司借方余额 10 000 元，预收账款——I 公司贷方余额 110 000 元；

坏账准备总账余额为贷方余额 8 000 元，全部为应收账款提取的坏账准备。

则该企业 2008 年 12 月 31 日资产负债表中：

①“应收账款”项目金额为：200 000+10 000-8 000=20 2000（元）

②“预付账款”项目金额为：100 000+30 000=130 000 （元）

③“应付账款”项目金额为：40 000+190 000=230 000 （元）

④“预收账款”项目金额为：20 000+110 000=130 000 （元）

（6）“应付职工薪酬”项目，反映企业应付未付的职工薪酬。本项目应根据“应付职工薪酬”科目的期末贷方余额填列，如“应付职工薪酬”科目期末为借方余额，应以“-”号填列。

（7）“应付股利”项目，反映企业尚未支付的现金股利。本项目应根据“应付股利”科目的期末余额填列。

（8）“应交税费”项目，反映企业期末未交、多交或未抵扣的各种税金。本项目应根据“应交税金”科目的期末贷方余额填列，如“应交税费”科目期末为借方余额，应以“-”号填列。

（9）“应付利息”项目，反映企业应付未付的利息。本项目应根据“应付利息”账户的期末贷方余额填列。

（10）“其他应付款”项目，反映企业所有应付和暂收其他单位和个人的款项。本项目应根据“其他应付款”科目的期末余额填列。

（11）“一年内到期的非流动负债”项目，反映企业非流动负债中将于资产负债表日后一年内到期部分的金额，如将于一年内偿还的长期借款。本项目应根据有关科目的期末余额填列。

（12）“其他流动负债”项目，反映企业除以上流动负债以外的其他流动负债，本项目应根据有关科目（如“待转资产价值”等）的期末余额填列。如其他流动负债价值较大的，应在会计报表附注中披露其内容和金额。

（13）“长期借款”项目，反映企业借入尚未归还的一年期以上（不含一年）的借款本息。本项目应根据“长期借款”科目的期末余额，减去将于一年期以内（含一年）到期的长期借款后的金额填列。

（14）“应付债券”项目，反映企业发行的尚未偿还的一年期以上（不含一年）的各种长期债券的本息。本项目应根据“应付债券”科目的期末余额，减去将于一年内（含一年）到期偿还的应付债券后的金额填列。

（15）“长期应付款”项目，反映企业除长期借款和应付债券以外的其他长期应付款。本项目应根据“长期应付款”科目的期末余额，减去“未确认融资费用”科目期末余额和将于一年内（含一年）到期偿还的长期应付款后的金额填列。

（16）“其他长期负债”项目，反映企业除以上长期负债项目以外的其他长期应付款。本项目应根据有关科目的期末余额填列。如其他长期负债价值较大的，应在会计报表附注中披露其内容和金额。

长期负债各项目中将于一年内（含一年）到期的长期负债，应在流动负债类下“一年内到期的长期负债”项目内单独反映。

3. 所有者权益项目的填列方法

（1）“实收资本（或股本）”项目，反映企业各投资者实际投入的资本（或股本）总额。本项目应根据“实收资本（或股本）”科目的期末余额填列。

（2）“资本公积”项目，反映企业资本公积的期末余额。本项目应根据“资本公积”科目的期末余额填列。

（3）“盈余公积”项目，反映企业盈余公积的期末余额。本项目应根据“盈余公积”科目的期末余额填列。

（4）“未分配利润”项目，反映企业尚未分配的利润。本项目应根据“本年利润”科目和“利润分配”科目的余额计算填列。未弥补的亏损在本项目内以“-”号填列。

四、 资产负债表的编制实例

其中，应收账款明细账：A 公司借方余额 200 000 元，B 公司贷方余额20 000元；

应付账款明细账： E公司借方余额30 000元，F公司贷方余额190 000元；

预收账款明细账： H公司借方余额10 000元，I公司贷方余额110 000元；

预付账款明细账： C单位借方余额100 000元，D单位贷方余额40 000元；

长期借款中有一年内到期的长期借款150 000元。

第三节 利润及利润分配表

一、 利润表

（一）利润表的概念和作用

利润表又称损益表，是反映企业在一定会计期间（月度、季度、半年度和年度等）经营成果的报表，是动态报表。通过编制利润表，可以从总体上了解企业收入、成本和费用及净利润（或亏损）的实现及构成情况；通过利润表提供的不同时期的比较数字（本月数、本年累计数、上年同期数和上年数），可以分析企业的获利能力及利润的未来发展趋势，了解投资者投入资本的保值增值情况。由于利润既是企业经营业绩的综合体现，又是企业进行利润分配的主要依据，因此，利润表是会计报表中的一张主要报表。

（二）利润表的格式和内容

利润表是根据“收入－费用＝利润”这一会计等式，将企业在一定会计期间的全部收入、费用和利润项目进行适当分类、排列后编制而成的。

目前,国际上流行的利润表格式主要有多步式和单步式两种格式。

1. 单步式利润表

单步式利润表是将本期所有收入和所有费用分别加以汇总，用收入合计减去费用合计，从而得出本期利润。由于它只有一个相减的步骤，因而称为单步式利润表。

单步式利润表编制方式简单，收入、费用归类清楚，但缺点是反映不出企业利润的构成，不利于会计报表分析。因此，单步式利润表主要适用于业务比较简单的服务咨询行业。

2. 多步式利润表

多步式利润表是按照利润的构成内容分层次、分步骤地逐步、逐项计算编制而成的会计报表。多步式利润表的主要编制步骤和结构如下：

（1）以营业收入为基础，减去营业成本、营业税金及附加、销售费用、管理费用、财务费用、资产减值损失，加上公允价值变动收益（减去公允价值变动损失）和投资收益（减去投资损失），计算出营业利润。

（2）以营业利润为基础，加上营业外收入，减去营业外支出，计算出利润总额。

（3）以利润总额为基础，减去所得税，计算出净利润（或亏损）。多步式利润表反映了利润的构成情况，有助于使用者从不同利润类别中了解企业经营成果的不同来源，有助于分析比较，因而被广泛采用。按照我国《企业会计准则》的规定，我国企业的利润表采用多步式。

（三）利润表的编制

1. 利润表的资料来源

月度利润表的各项目均需填列“本月数”和“本年累计数”两栏。其中：利润表的“本年累计数”栏内各项目数字，应填列自年初起至本报告期末止的累计实际发生数；利润表的“本月数”栏内的各项目数字，应根据损益类科目的本月发生额分析填列。其资料来源有以下几个方面：

（1）根据总账科目发生额直接填列。如“营业税金及附加”项目是根据“营业税金及附加”总账科目的本月发生额直接填列。这类项目还有：营业费用、管理费用、财务费用、投资收益、补贴收入、营业外收入、营业外支出、所得税费用等。

（2）根据几个总账科目发生额计算填列。如“营业利润”项目是根据“主营业务收入”、“其他业务收入”两个总账科目的本月发生额计算填列。

（3）根据表中项目计算填列。如“利润总额”项目和“净利润”项目等。

需要指出的是，在编制季度、半年利润表时，应将“本月数”栏改为“上年同期数”栏，填列上年同期累计实际发生数，从而与“本年累计数”栏各项目进行比较。如果上年季度、半年度利润表与本年季度、半年度利润表的项目名称和内容不一致，应对上年季度、半年度利润表项目的名称和金额按本年季度、半年度利润表的规定进行调整，填入“上年同期数”栏内。在编制年度利润表时，应将“本月数”栏改为“上年数”栏，填列上年全年累计实际发生数，从而与“本年累计数”栏各项目进行比较。如果上年度利润表与本年度利润表的项目名称和内容不一致，应对上年度报表项目的名称和金额按本年度的规定进行调整，填入“上年数”栏内。12 月份利润表的“本年度累计数”就是年度利润表的“本年累计数”。

2. 利润表各项目的填列方法

按照《企业会计准则》的规定，我国企业利润表中主要项目的填列方法如下：

（1）“营业收入”项目，反映企业经营业务所取得的收入总额。本项目应根据“主营业务收入”和“其他业务收入”科目的发生额分析填列。

例 9-5 某企业 2008 年度“主营业务收入”科目的贷方发生额为 1 500 000 元，借方发生额为 50 000 元（系 10 月份发生的购买方退货），“其他业务收入”科目的贷方发生额为 100 000 元。则该企业 2008 年度利润表中“营业收入”的项目的金额为：

1 500 000-50 000+100 000=1 550 000（元）

（2）“营业成本”项目，反映企业经营主要业务和其他业务所发生的成本总额。本项目应根据“主营业务成本”和“其他业务成本”

科目发生额分析填列。

例 9-6 某企业 2008 年度“主营业务成本”科目的借方发生额为 1 000 000 元，贷方发生额为 20 000 元（系 10 月份发生的购买方退货），“其他业务成本”科目的借方发生额为 60 000 元。则该企业 2008 年度利润表中“营业成本”的项目的金额为：

1 000 000-20 000+60 000=1 040 000（元）

（3）“营业税金及附加”项目，反映企业销售商品、提供劳务等经营业务应负担的消费税、营业税、城市维护建设税、资源税和教育费附加，但不包括增值税。

（4）“销售费用”项目，反映企业在销售商品过程中发生的包装费、广告费等费用和为销售本企业商品而专设的销售机构的职工薪酬、业务费等经营费用。本项目应根据“销售费用”科目的发生额分析填列。

（5）“管理费用”项目，反映企业为组织和管理生产经营发生的管理费用。本项目应根据“管理费用”科目的发生额分析填列。

（6）“财务费用”项目，反映企业筹集生产经营所需资金等而发生的筹资费用。本项目应根据“财务费用”科目的发生额分析填列。

（7）“资产减值损失”项目：反映企业确认的资产减值损失。本项目应根据“资产减值损失”账户的发生额分析填列。

（8）“公允价值变动损益”项目，反映企业确认的交易性金融资产或交易性金融负债的公允价值变动额。本项目应根据“公允价值变动损益”账户的发生额分析填列。

（9）“投资收益”项目，反映企业以各种方式对外投资所取得的收益。本项目应根据“投资收益”科目的发生额分析填列。若为投资净损失，本项目用“-”号填列。

（10）“营业利润”项目，反映企业实现的营业利润。若为亏损，本项目以“-”号填列。

（11）“营业外收入”项目，反映企业发生的与生产经营无直接关系的各项收入。本项目应根据“营业外收入”科目的发生额分析填列。

（12）“营业外支出”项目，反映企业发生的与生产经营无直接关系的各项支出。本项目应根据“营业外支出”科目的发生额分析填列。

（13）“利润总额”项目，反映企业实现的利润。若为亏损，本项目以“-”号填列。

（14）“所得税费用”项目，反映企业从当期损益中扣除的所得税费用。本项目应根据“所得税费用”科目的发生额分析填列。

（15）“净利润”项目，反映企业实现的税后利润，若为亏损，本项目应以“-”号填列。

第四节 所有者权益变动表和现金流量表

一、 所有者权益变动表

（一）所有者权益变动表的概念

所有者权益变动表反映企业年末所有者权益增减变动的情况。企业至少每年年末编制一次。

所有者权益变动表应当反映构成所有者权益的各组成部分当期的增减变动情况。当期损益、直接计入所有者权益的利得和损失，以及与所有者（或股东，下同）的资本交易导致的所有者权益的变动，应当分别列示。

（二）所有者权益变动表的结构

（1）净利润。

（2）直接计入所有者权益的利得和损失项目及其总额。

（3）会计政策变更和差错更正的累积影响金额。

（4）所有者投入资本和向所有者分配利润等。

（5）按照规定提取的盈余公积。

（6）实收资本、资本公积、盈余公积、未分配利润的期初和期末余额及其调节情况。

所有者权益的增减变动直接反映了某会计主体一定期间的总收益和费用，全面地反映了主体权益的综合变动。

（三） 所有者权益变动表的填列方法

所有者权益变动表的各项目应根据“实收资本”、“资本公积”、“盈余公积”和“利润分配”等科目的发生额分析后填列。

二、 现金流量表的含义和作用

（一）现金流量表的含义

现金流量表是指反映企业一定会计期间内现金和现金等价物流入和流出信息的会计报表，是动态报表。

现金流量表中的现金的概念是一个广义的现金概念，它包括现金及现金等价物，其中现金是指企业库存现金以及可以随时支付的存款，包括现金、可以随时用于支付的银行存款和其他货币资金；现金等价物是指企业拥有的期限短、流动性强、易于转换为已知金额现金、价值变动风险很小的投资。

现金流量是指企业现金和现金等价物的流入和流出。现金净流量是指现金流入与流出的差额，可能是正数，也可能是负数，如果是正数，就是现金流入大于现金流出，则为净流入，反之，则为净流出。现金流量表中的现金流量一般是指现金流入和流出的总量，即现金流入量和现金流出量，而非现金流量净额。

企业的现金流量产生于不同的来源，我国将现金流量的来源分为三大类，即经营活动产生的现金流量、投资活动产生的现金流量和筹资活动所产生的现金流量。

（二）现金流量表的作用

编制现金流量表的主要目的为会计报表使用者提供企业一定会

计期间内现金和现金等价物流入和流出的信息，以便于会计报表使用者了解和评价企业获取现金和现金等价物的能力，并据以预测企业未来现金流量。

在市场经济条件下，企业的现金流转情况在很大程度上影响着企业的生存和发展，企业现金充裕，就可以及时购入必要的生产资料、偿还债务、支付股利，反之，则影响企业的正常生产经营甚至危及企业的生存。因此，现金管理已经成为企业财务管理的一个重要方面，受到企业管理人员、投资者、债权人以及政府监管部门的重视。现金流量表的作用，具体表现在以下三个方面：

1. 有助于评价企业的支付能力、偿债能力和周转能力

通过现金流量表，并配合资产负债表和利润表，可以了解企业的现金能否偿还到期债务、支付股利和进行必要的固定资产投资，了解企业现金流转效率和效果等，从而便于投资者作出投资决策，债权人作出信贷决策。

2. 有助于预测企业未来现金流量

通过现金流量表所反映的企业过去一定期间的现金流量以及其他生产经营指标，可以了解企业现金的来源和用途是否合理，从而预测企业未来的现金流量，为企业编制现金流量计划、组织现金调度、合理节约使用现金创造条件，为投资者和债权人评价企业的未来现金流量、作出投资和信贷决策提供必要信息。

3. 有助于分析企业收益质量及影响现金净流量的因素

现金流量表是联结资产负债表和利润表的桥梁，对资产负债表和

利润表可起到补充说明的作用，资产负债表反映企业某一特定时点的财务状况，并不能反映财务状况变动的原因，利润表反映企业一定期间的经营成果，但无法反映企业经营活动中产生了多少现金，也没有反映投资活动和筹资活动对企业财务状况的影响。通过编制现金流量表，可以掌握企业经营活动、投资活动和筹资活动产生的现金流量，将经营活动产生的现金流量与净利润相比较，就可以从现金流量的角度了解净利润的质量，并判断是哪些因素影响了净利润的质量，从而为分析和判断企业的财务前景提供信息。

三、 现金流量表的格式和内容

我国《企业会计准则》规定的现金流量表结构包括正表和补充资料两部分。其基本格式如表 9-10 所示。

（一）现金流量表正表

正表是现金流量表的主体，企业在一定会计期间现金流量的信息主要由正表提供。正表采用报告式的结构，按照现金流量的性质，依次分类反映经营活动产生的现金流量、投资活动产生的现金流量及筹资活动产生的现金流量。正表中还单设“汇率变动对现金的影响”项目，以反映企业外币现金流量及境外子公司的现金流量折算为人民币时因汇率变动而导致的差额。

（二）现金流量表补充资料

补充资料包括将净利润调节为经营活动的现金流量、不涉及现金收支的投资和筹资活动及现金和现金等价物的净增加情况三部分内容。

四、 现金流量表编制方法

现金流量表的编制方法有两种：一种是直接法，另一种是间接法。在这两种方法下，投资活动的现金流量和筹资活动的现金流量的编制方法是一样的，仅仅是经营活动现金流量的编制方法不同。

（一）直接法

直接法是指通过现金收入和支出的主要类别反映来自企业经营活动的现金流量，即直接从利润表中将权责发生制为基础的收入与支出项目直接转换成以收付实现制为基础的收入和支出，以现金收入和支出表达各项经营活动的现金流量。在实务中，一般是以利润表中的收入和成本为起算点，分别调整与经营活动各项目有关的增减变动，然后分别计算出经营活动各现金流量。

（二）间接法

间接法是以净利润为起算点，调整不涉及现金的收入、费用、营业外收支以及与经营活动无关的项目的增减变动，据此计算出经营活动的现金流量。

直接法和间接法只是经营活动现金流量的计算起点不同，但净现金流入和流出额的计算结果是相同的。我国《企业会计准则》规定企业应当同时采用直接法和间接法编报现金流量表，正表按直接法编制，补充资料则提供了间接法的信息以及一些其他资料。

第五节 附注

附注是财务报表的重要组成部分，是对在资产负债表、利润表、现金流量表和所有者权益变动表等报表中列示项目的文字描述或明细资料，以及对未能在这些报表中列示项目的说明。

一、 附注的结构和内容

附注披露的结构和顺序，应遵循重要的信息先披露，次要的信息后披露，以便于财务报告使用者迅速清晰地掌握有关企业的重要会计信息，即首先披露是否遵循了《企业会计准则》和财务报表的编制基础；其次披露采用的会计政策和会计估计；再次对财务报表重要项目作进一步解释；最后披露的是未在会计报表中列示，但对理解企业财务状况、经营成果和现金流量十分有用的信息，如对或有事项和资产负债表日后事项的说明等。

二、 附注披露的主要内容

一般企业报表附注披露的内容主要有：① 企业的基本情况； ② 财务报表的编制基础； ③ 遵循《企业会计准则》的声明； ④ 重要会计政策和会计估计； ⑤ 会计政策和会计估计变更以及差错更正的说明； ⑥ 报表重要项目的说明。

第十章 会计核算程序

第一节 会计核算程序的概述

一、 会计核算程序的意义

单位的会计核算是一项复杂而细致的工作，需要由多名会计人员利用各种会计方法相互配合、相互协作完成。为了科学地组织会计工作，提高会计核算工作的效率，各单位都应按照会计制度的要求，并结合本单位的实际情况、具体条件和会计核算水平，建立适合本单位会计核算要求的会计核算程序。

会计核算程序，也称为账务处理程序或会计核算形式，是指会计凭证、会计账簿、会计报表结合的方式。包括会计凭证和账簿的种类、格式，会计凭证与账簿之间的联系方法，具体地说，是从取得填制和审核原始凭证开始，到填制记账凭证、登记总分类账和明细分类账，最后编制会计报表，提供会计信息的一系列工作程序和方法。

会计凭证、会计账簿和会计报表之间的结合方式不同，就形成了不同的会计核算程序，不同的会计核算程序又有不同的方法、特点和适用范围。科学、合理地选择适用于本单位的会计核算程序，对于提高会计核算工作效率，保证会计核算工作质量，有效地组织会计核算具有重要意义。

（1）有利于规范会计核算组织工作。会计核算工作是需要会计部门与会计人员之间的密切配合，有了科学合理的会计核算程序，会计机构与会计人员在进行会计核算的过程中就能做到有序可循，按照不同的责任分工，有条不紊地处理好各个环节上的会计核算工作。

（2）有利于保证会计核算工作质量。在进行会计核算的过程中，保证会计核算工作质量是对会计工作的基本要求。建立起科学合理的会计核算程序（账务处理程序），形成加工和整理会计信息的正常机制，是提高会计核算工作质量的重要保障。

（3）有利于提高会计核算工作的效率。会计核算工作效率的高低，直接关系到会计信息提供上的及时性和有用性。按照既定的会计核算组织程序进行会计信息处理，将会大大提高会计核算工作效率。

（4）有利于节约会计核算工作成本。组织会计核算的过程也是对人力、物力和财力的消耗过程，因此，要求会计核算本身也要讲求经济效益。会计核算程序（账务处理程序）安排得科学合理，选用的会计凭证、会计账簿和会计报表种类适当，格式适当，数量适中，在一定程度上也能够节约会计核算工作成本。

（5）有利于发挥会计核算工作的作用。会计核算工作的重要作用是通过会计核算和监督职能的实现而体现出来的，在规范会计核算组织工作的基础上，保证了会计核算工作质量，提高了会计核算工作效率，就能够在经营管理等方面更好地发挥会计核算工作的作用。

二、 合理组织会计核算程序的要求

各单位的会计核算程序不尽相同，但其基本模式是相同的。其基本模式如下：会计凭证账簿会计报表 从上述基本模式出发，每个单位都应根据本单位的实际情况，在会计制度的许可范围内，选择适当的过账过程和编表过程的步骤和方法，也就是选择会计核算程序。在现有计算机软件条件下，这个基本模式也不随数据处理手段的变化而变化。合理组织会计核算程序，应该符合以下要求：

（1）应从本单位的实际情况出发。充分考虑本单位经济活动的性质、经济管理的特点、规模的大小、经济业务的繁简以及会计机构和会计人员的设置等因素，使账务处理程序与本单位会计核算工作的需要相适应。

（2）应以保证会计信息质量为立足点。确定会计核算程序，要能保证准确、及时和完整地提供系统而完整的会计信息资料，以满足内外各方使用会计信息的需要。

（3）应力求降低会计核算工作的成本。确定会计核算程序，在满足会计核算工作需要，保证会计核算资料正确、完整、真实的前提下，应注重简化会计核算工作，提高会计核算工作效率，节省会计核算时间，降低会计核算成本。

（4）应有利于建立会计工作岗位责任制。确定会计核算程序，在有利于会计部门和会计人员的分工和协作的同时，也应有利于明确各会计人员工作岗位的职责。

三、 会计核算程序的种类

会计核算程序的建立是由多种因素决定的，主要有经济活动和财务收支的实际情况，经营管理的需要，会计核算中的核算手续等。这些因素是在不断变化的，因此，由它们所决定的会计凭证系统组织、会计账簿系统组织、会计报表系统组织以及核算程序和方法也在不断发生变化，由此形成了不同的会计核算程序（账务处理程序）。在我国，常用的会计核算程序主要有：

（1）记账凭证核算程序。

（2）汇总记账凭证核算程序。

（3）科目汇总表核算程序。

（4）多栏式日记账核算程序。

以上四种账务处理程序中，记账凭证核算程序是最基本的会计核算程序，是其他会计核算程序的基础。它们之间有许多共同点，但也存在着差异。其最大差异就是登记总账的依据和方法不同。

第二节 记账凭证核算程序

一、 记账凭证核算程序的特点

记账凭证核算程序是指对发生的经济业务，都要以原始凭证或原始凭证汇总表编制记账凭证，然后根据记账凭证直接逐笔登记总分类账，并定期编制会计报表的一种会计核算程序。其主要特点是：直接根据记账凭证，逐笔登记总分类账。它是会计核算程序中最基本的程序，其他会计核算程序一般是在这种核算程序的基础上发展形成的。

二、 记账凭证核算程序下设置的会计凭证和账簿

（一）记账凭证核算程序设置的会计凭证

在记账凭证会计核算程序下，记账凭证可以是通用凭证，也可以分别设置收款凭证、付款凭证和转账凭证，作为登记总分类账的依据。

（二）记账凭证核算程序设置的账簿

在记账凭证核算程序下，需设置现金日记账、银行存款日记账和总分类账和明细分类账。现金日记账和银行存款日记账一般采用借、贷和余三栏式账簿。总分类账采用借、贷和余三栏式账簿，并按每一个总分类账科目开设账页。明细分类账可根据管理的需要，采用三栏式、数量金额式或者多栏式账簿。

为了尽量减少记账凭证的数量，减轻登记总分类账的工作量，简化核算手续，在采用记账凭证账务处理程序时，应尽可能地将业务内容相同的原始凭证先编制成原始凭证汇总表，再根据原始凭证汇总表编制记账凭证，登记总分类账簿。

三、 记账凭证核算程序的步骤

在记账凭证核算程序下，对经济业务进行核算处理的程序大体要经过以下六个步骤：

（1）根据原始凭证或原始凭证汇总表，编制记账凭证。

（2）根据收款凭证、付款凭证逐笔序时登记现金日记账和银行存款日记账。

（3）根据原始凭证、原始凭证汇总表和记账凭证登记各种明细分类账。

（4）根据各种记账凭证逐笔登记总分类账。

（5)月末,将日记账、明细账的余额与有关总分类账的余额相核对。

（6）月末，根据核对无误的总分类和明细分类账的记录，编制会计报表。

四、 记账凭证核算程序的优缺点及适用范围

记账凭证核算程序简单明了，易于理解和掌握。并且，总分类账能具体、详细地反映每项经济业务的发生情况，便于分析和检查。但是根据记账凭证逐笔登记总账，工作量比较大，也不便于对会计核算工作的分工，所以，这种会计核算程序一般只适用于经营规模较小、业务量不大、凭证数量不多的单位。

光明公司 2008 年 9 月份发生下列经济业务：

（1）4 日，从红星公司购入甲材料 11 000 千克，每千克 20 元，货款 220 000 元，增值税款 37 400 元，价税合计 257 400 元，材料已验收入库，款已从银行支付。

（2）6 日，从浦江公司购入乙材料 8 000 千克，每千克 10 元，货款 80 000 元，增值税款 13 600 元，价税合计 93 600 元，材料已验收入库，款已从银行支付。

（3）10 日，车间和行政管理部门领用各种材料汇总表。

（4）10 日，售出 A 产品 20 台，每台售价 4 000 元，售出 B 产品 30 台，每台售价 5 000 元，计收货款 230 000 元，应收增值税销项税额 39 100 元，存入银行。

（5）13 日，计算出本月应付职工薪酬如表 10-3 所示。

（6）14 日，从银行提取现金 60 000 元，备发工资。

（7）15 日，以现金 60 000 元支付本月工资。

（8）16 日，售出 A 产品 5 台给新新公司，每台售价 4 000 元，计 20 000 元，增值税 3 400 元，尚未收到。

（9）17 日，以现金 200 元支付售出 A 产品运费。

（10）18 日，以银行存款支付本月水电费 10 000 元。其中：

生产 A 产品耗用 3 000 元

生产 B 产品耗用 5 000 元

生产车间照明耗用 500 元

行政管理部门耗用 1 500 元

（11）19 日，售出 B 产品 10 台给兴华公司，单价 5 000 元 / 台，计 50 000 元，增值税 8 500 元，款项尚未收到。

（12）20 日，以银行存款 1 060 元，支付行政管理部门办公费。

（13）21 日，收到兴华公司通过银行转来的前欠货款 23 000 元。

（14）22 日，以银行存款支付广告费 13 000 元。

（15）23 日，以现金 1 440 元支付生产车间零星修理费。

（16）25 日，从银行取得短期借款 150 000 元，存入银行。

（17）30 日，按规定折旧率，计提本月固定资产折旧费 18 000 元，其中生产车间使用固定资产计提折旧 16 000 元，行政管理部门使用固定资产计提折旧 2 000 元。

（18）30 日，职工李昕交回用公司电话打私事长途电话费 60 元，收到现金。

（19）30日，计算出本月发生的制造费用总额为52 940元，转账。其中应由A产品负担21 400元，由B产品负担31 540元。

（20） 30日，A产品完工35台，已验收入库，其单位成本为2 300元，总成本为80 500元；B产品完工40台，已验收入库，其单位成本为3 000元，总成本为120 000元，转账。

（21）30日，本月售出A产品25台，单位成本为2 300元，结转A产品销售成本57 500元；本月售出B产品40台，单位成本为3 000元，结转B产品销售成本120 000元。

（22）30日，将本月产品销售收入300 000元，转入“本年利润”科目贷方。

（23）30日，将本月产品销售成本177 500元，转入“本年利润”科目借方。

（24）30日，将本月所发生的销售费用13 200元转入“本年利润”科目借方。

（25）30日，将本月所发生的管理费用19 500元转入“本年利润”科目借方。

（26）30日，计算本月应纳所得税费用22 225元。

（27）30日，将应缴所得税22 225元，转入“本年利润”科目。

（28）30日，开出支票上缴上月欠缴的税金5 000元。

根据记账凭证逐笔登记总分类账（为简化起见，此处仅列示“库存现金”、“银行存款”、“原材料”、“生产成本”、“制造费用”、“管理费用”和“本年利润”等七个账户，其余从略）。

根据总分类账编制总分类账户本期发生额和余额试算平衡表，再与现金日记账、银行存款日记账和有关明细分类账以及根据明细分类账编制的明细分类账户本期发生额和余额明细表核对相符，并编制“资产负债表”、“利润表”。

第三节 汇总记账凭证核算程序

一、 汇总记账凭证核算程序的特点

汇总记账凭证核算程序是定期根据全部记账凭证，按照账户的对应关系进行汇总，分别编制汇总记账凭证，然后据以登记总分类账，并定期编制会计报表的一种会计核算程序。其主要特点是：先定期（通常为 5 天或者 10 天）将所有记账凭证归类编制成汇总记账凭证，再根据汇总记账凭证登记总分类账。

二、 汇总记账凭证核算程序下设置的记账凭证和账簿

在汇总记账凭证账务处理程序下，除了要分别设置收款凭证、付款凭证和转账凭证外，还要分别设置汇总收款凭证、汇总付款凭证和汇总转账凭证，作为登记总分类账的依据。设置的账簿主要有：现金日记账、银行存款日记账、总分类账和各种明细账，其格式与在记账凭证核算程序下采用的格式基本相同。

三、 汇总记账凭证及其编制方法

汇总记账凭证分为汇总收款凭证、汇总付款凭证和汇总转账凭证

三种，它们的编制方法概括起来是：将各种记账凭证按账户的对应关系定期（通常为5天或10天）在汇总记账凭证中汇总一次，月末计算出合计数。其具体编制方法如下：

（1）汇总收款凭证。它是按“现金”或“银行存款”科目的借方分别设置，按贷方科目加以归类汇总，5天或10天汇总填列一次，通常每月编制一张。月末结出汇总收款凭证的合计数，据以登记总分类账簿。登记总分类账时，应根据汇总收款凭证的合计数，记入“现金”或“银行存款”总账的借方；根据汇总收款凭证内各贷方账户的合计数分别记入有关总账的贷方。

如前所述，现金与银行存款之间的划转业务，一般只编制付款凭证。所以，现金汇总收款凭证上的现金收入并不是当期的全部现金收入，还有一部分现金收入汇总在银行存款汇总付款凭证上；同样道理，银行存款汇总收款凭证上的银行存款收入也不是当期的全部银行存款收入，还有一部分银行存款收入汇总在现金汇总付款凭证上。但在过账之后，现金总账和银行存款总账所反映的是其全部发生额。

（2）汇总付款凭证。它是按“现金”或“银行存款”科目的贷方分别设置，按借方科目加以归类汇总，5天或10天汇总填列一次，每月编制一张。月末结出汇总付款凭证的合计数，据以登记总分类账。登记总分类账时，应根据汇总付款凭证的合计数，记入“现金”或“银行存款”总账的贷方；根据汇总付款凭证内各借方账户的合计数分别记入有关总账的借方。

（3） 汇总转账凭证。它是按每一贷方科目分别设置，并根据转账凭证按借方科目加以归类汇总，5天或10天汇总填列一次，每月编制一张，月末结出汇总转账凭证的合计数，据以登记总分类账。

因为汇总转账凭证上的科目对应关系是一个贷方科目与一个或几个借方科目相对应，所以，在汇总记账凭证核算程序下，为了便于编制汇总转账凭证，要求所有转账凭证只能按一个贷方科目与一个或几个借方科目相对应来填列，而不得填制一个借方科目与几个贷方科目相对应的转账凭证，否则就不能以贷方科目为主进行汇总。

四、 汇总记账凭证核算程序的步骤

在汇总记账凭证核算程序下，对经济业务进行账务处理的程序大体要经过以下七个步骤：

（1）根据原始凭证或原始凭证汇总表，编制记账凭证。

（2）根据收款凭证、付款凭证逐笔登记现金日记账和银行存款日记账。

（3）根据原始凭证、原始凭证汇总表和记账凭证，登记各种明细分类账。

（4）根据一定时期内的全部收款凭证、付款凭证和转账凭证，定期编制汇总收款凭证、汇总付款凭证和汇总转账凭证。

（5）根据定期编制的汇总收款凭证、汇总付款凭证和汇总转账凭证，登记总分类账。

（6）月末，将日记账和明细分类账的余额同有关总分类账的余额核对相符。

（7）月末，根据核对无误的总分类账和明细分类账的记录，编制会计报表。

五、 汇总记账凭证核算程序的优缺点及适用范围

在汇总记账凭证核算程序下，根据定期编制的汇总记账凭证登记总分类账簿，减少了登记总账的工作量。汇总记账凭证能够清晰地反映各科目之间的对应关系和经济业务的来龙去脉，因而便于对经济业务的分析和检查。然而，由于这种会计核算程序的转账凭证是按每一账户贷方科目，而不是按经济业务的性质归类汇总的，因而不利于日常核算工作的合理分工；而且在经济业务比较零星、同一贷方科目的转账凭证数量不多的情况下，汇总工作量比较大，又起不到简化记账工作的作用。它适用于规模较大、业务较多的大中型企业或单位。

第四节 科目汇总表核算程序

一、 科目汇总表核算程序的特点

科目汇总表核算程序，又称记账凭证汇总表核算（账务处理）程序，它是指根据各种记账凭证先定期（或月末一次）按照会计科目汇总编制科目汇总表，然后再据以登记总分类账，并定期编制会计报表的一种账务处理程序。其主要特点是：定期地根据记账凭证汇总编制科目汇总表，然后根据科目汇总表登记总分类账。

二、 科目汇总表核算程序下设置的会计凭证和账簿

在科目汇总表核算程序下，除了要分别设置收款凭证、付款凭证

和转账凭证外，还要设置科目汇总表。设置的账簿主要有：现金日记账、银行存款日记账、总分类账和各种明细账，其格式与在记账凭证账务处理程序下采用的格式基本相同。

三、 科目汇总表的编制方法以及核算程序的步骤

（一） 科目汇总表的编制方法

科目汇总表又称记账凭证汇总表，是根据记账凭证定期汇总编制，列示有关总分类账户的本期发生额合计数，据以登记总分类账的一种汇总记账凭证。

科目汇总表的编制方法为：根据一定时期内的全部记账凭证，按相同的会计科目归类，定期分别汇总每一个会计科目的本期借方发生额和贷方发生额，并将其填入科目汇总表的相应栏内；会计科目可以每月汇总一次编制一张，也可以按旬汇总一次、每月编一张。

在实际工作中，科目汇总表可以采用不同的格式。但任何格式的科目汇总表，都只反映每个科目的本期借方和贷方发生额，而反映不出各账户之间的对应关系。

（二） 科目汇总表核算程序的步骤

在科目汇总表核算程序下，对经济业务进行核算处理的程序大体要经过以下七个步骤：

（1）根据原始凭证或汇总原始凭证汇总表，编制记账凭证。

（2）根据收款凭证、付款凭证，逐笔序时登记现金日记账和银行存款日记账。

（3）根据记账凭证和原始凭证或汇总原始凭证，登记各种明细

分类账。

（4）根据各种记账凭证，编制科目汇总表。

（5）根据定期编制的科目汇总表，登记总分类账。

（6）月末，将日记账和明细分类账的余额同有关总分类账的余额核对相符。

（7）月末，根据审核无误的总分类账和明细分类账的记录，编制会计报表。

例 10-2 以本章第二节光明公司 9 月份业务为例，说明科目汇总表的编制及总账的登记。至于记账凭证的编制，现金日记账、银行存款日记账、明细分类账的登记以及其他工作步骤，因与第二节列示的完全相同，这里不再重复。

根据业务量的大小，公司按旬汇总、每月编制“科目汇总表”一张，据以登记总账。分别于 10 日、20 日、30 日将本旬全部记账凭证，按同一总账科目汇总，填在“科目汇总表”内。

四、 科目汇总表核算程序的优缺点及适用范围

科目汇总表核算程序根据科目汇总表登记总账，因而可以大大减少登记总账的工作量；同时在编制科目汇总表的过程中，可以进行总账账户本期借、贷方发生额的试算平衡；而且这种核算程序手续简便，容易掌握，运用方便。但是科目汇总表不能反映科目之间的对应关系，不便于分析经济业务的来龙去脉，也不便于查对账目。这种核算程序广泛适用于规模较大、业务量较多的单位。

月终时，根据所编制的“科目汇总表”登记各有关总分类科目，

总账的登记工作可以在每旬汇总后登记一次，也可以在月终根据全月发生额每月登记一次。该公司是于每旬之后登记总分类账的（见表10-23）。为简化起见，仅以“库存现金”和“银行存款”账户举例，其他账户从略。

第五节 多栏式日记账核算程序

一、 多栏式日记账核算程序的特点

多栏式日记账核算程序是指根据收、付款凭证登记多栏式现金日记账和银行存款日记账，然后根据多栏式日记账和转账凭证或汇总转账凭证来登记总分类账的一种核算程序。其主要特点是：根据收款凭证和付款凭证逐笔登记多栏式现金日记账和多栏式银行存款日记账，再根据多栏式日记账登记总分类账。对于转账凭证直接或汇总后登记总分类账。

二、 多栏式日记账核算程序下设置的会计凭证和账簿

在多栏式日记账核算程序下，需设置收款凭证、付款凭证和转账凭证。账簿的设置中，除现金日记账和银行存款日记账是多栏外，其余的均与前几种会计核算程序基本相同。多栏式日记账一般应设置“现金收支日记账”和“银行存款收支日记账”。如果需要设置专栏的对应账户较多，则应设置“现金收入日记账”、“现金支出日记账”、“银行存款收入日记账”和“银行存款支出日记账”等四本日记账。

多栏式日记账核算程序下，由于现金日记账和银行存款日记账都按对应账户设置专栏，具备了现金和银行存款科目汇总表的作用，月终可以根据这些日记账的本月收入、支出发生额和对应账户的发生额登记总分类账。登记时，根据多栏式日记账借方合计栏的本月发生额，记入总分类账“现金”和“银行存款”账户的借方，并根据收入栏对应贷方科目的本月发生额记入总分类账各有关账户的贷方；根据多栏式日记账贷方合计栏本月发生额，记入总分类账“现金”和“银行存款”账户的贷方，并根据支出栏对应借方科目的发生额，记入总分类账各有关账户的借方；对于转账业务，则根据转账凭证或转账凭证汇总表登记总账。

三、 多栏式日记账核算程序的步骤

在多栏式日记账核算程序下，对经济业务进行核算处理的程序大体要经过以下七个步骤：

（1）根据原始凭证或汇总原始凭证汇总表，编制记账凭证。若转账凭证较多，可定期根据转账凭证编制转账凭证汇总表。

（2）根据收款凭证、付款凭证，逐笔序时登记多栏式现金日记账和多栏式银行存款日记账。

（3）根据记账凭证和原始凭证或汇总原始凭证，登记各种明细分类账。

（4）根据多栏式现金日记账和多栏式银行存款日记账登记总分类账。

（5）根据转账凭证或转账凭证科目汇总表，登记有关总分类账。

（6）月末，将日记账和明细分类账的余额同有关总分类账的余额核对相符。

（7）月末，根据审核无误的总分类账和明细分类账的记录，编制会计报表。

四、 多栏式日记账核算程序的优缺点和适用范围

采用多栏式日记账核算程序设置的现金日记账和银行存款日记账，具有汇总记账凭证或科目汇总表的作用，简化了总分类账的登记工作，减少了登账的工作量，并具体反映有关现金和银行存款收支的经济业务情况。但是，如果企业经济业务复杂，会计科目设置较多，日记账的专栏过多，篇幅较大，则不便于记账。它仅适用于运用会计科目少，业务量小的单位。

根据多栏式日记账和转账凭证汇总表登记总分类账。为了简化起见，仅以“库存现金”、“银行存款”账户举例，其他账户从略。

月终根据核对无误的总分类账和明细分类账的记录，编制“总分类科目发生额及余额试算平衡表”。试算平衡后编制“资产负债表”和“利润表”（详见记账凭证核算程序）

第十一章 现代会计面临挑战

第一节 物价变动的挑战

在市场经济条件下，物价经常会发生变动，物价变动一般包括两种类型，一般物价水平变动和个别物价水平变动。一般物价水平变动于货币流通关联，是由通货膨胀或通货紧缩期间货币价值的变动引起的。个别物价水平变动是指针对某类商品和劳务的市场价格变动，这是由供求状况发生变动引起的，物价水平变动的幅度可以用物价指数来反映。

物价变动是市场经济中的正常现象，在一个会计期间，物价持续上涨或下跌并且超过合理幅度即为物价异动。持续激烈的物价异动通常会引起通货膨胀或通货紧缩。持续激烈的物价异动对会计的影响大致有以下两个方面。

一、 使传统的会计理论面临严峻的挑战

1. 动摇了货币计量假设

会计核算的基本前提就是会计四大假设。货币计量是四大假设之一，货币计量的基础是假定用于反映企业经济事项的货币价值稳定不变，或其波动幅度不足以影响用它来计量会计事项的结果。但在持续通货膨胀或者通货紧缩的情况下，币值稳定这一假设就受到了极大的挑战。

2. 冲击了历史成本原则

历史成本原则是指“企业的各项财产在取得时应当按照实际成本计量。其后，各项财产如果发生减值，应当按照企业会计制度的规定计提相应的减值准备。除法律、行政法规和国家统一的会计制度另有规定者外，企业一律不得自行调整其账面价值”。历史成本以其具有客观性和可验证性而成为会计计量的基础，但物价的异动使币值失去了稳定，因而使历史成本计价原则失去了客观性和可靠性，以此为基础计算出来的数据与实际大相径庭。

3. 冲击了配比原则

配比原则是指一个会计期间的收入与其相关的成本、费用应当配比，以便正确计算本期收益。在物价异动的情况下，企业销售产品的收入是按现行市价计算的，而在计算与同期收入相关的费用时，大部分项目采用的是历史成本。现行销售收入与历史成本相配比是不合理的，所得出的收益不能真实反映会计主体的经营成果。

二、 给会计实务带来了重大影响

物价变动给传统会计理论造成冲击的同时，将给会计实务带来以下重大影响。

1. 影响资产计价

在物价变动的情况下，企业资产的历史成本可能远远低于或高于编制报表时的市场价格，企业资产负债表上的资产总额是由各个时点所取得的资产按历史成本加总的结果。在物价剧烈变动时期，资产在各时点上的货币价值和资产价值是不同的，把它们简单加总会影响资产计价的准确性。另外，按历史成本计提的累计折旧与净残值之和也不会等于更新该项固定资产实际需要的资金。

2. 影响收益计量

企业销售的收入是当期实现的，而成本和费用却是按历史成本结转的，当物价持续上涨时，由于仍旧按历史成本计量资产，使资产的账面价值低于现行价值，势必发生低估资产的情况，从而少计费用，虚增收益；当物价持续下跌时，由于仍旧按历史成本计量资产，使资产的账面价值高于现行价值，势必发生高估资产的情况，从而多计费用，少计收益。影响收益计量的准确性和合理性。

第二节　网络和知识经济时代的挑战

会计必须适应其所处的社会环境，并为其所处的社会经济环境服务，随着网络和知识经济时代的到来，对传统财务会计的理论、实务与会计人员提出了挑战。

一、 对传统财务会计理论的挑战

（一）会计目标

会计目标是会计理论体系的基础，整个会计理论体系都是建立在会计目标的基础之上的。现在财务会计把会计信息使用者作为一个整体，提供一种通用的会计报表。网络和知识经济时代，会计信息需求者与作为会计信息提供者的企业之间可利用互联网及时双向交流。企业在了解会计信息需求者的决策模型后，可针对其需要，向其提供适用于不同决策模型的专用财务报告。企业的生存以及经济效益的提高越来越依赖于知识与创新，信息使用者关注的重点不再是现金流转，而是企业的知识创新能力。

（二）会计基本前提

现行财务会计是建立在会计主体、持续经营、会计分期、货币计量四项基本核算前提上，网络和知识经济时代的出现对这四项基本前提提出了挑战。

1. 会计主体

随着网络和知识经济时代的到来，企业生产和经营的组织形式将多元化，并随着不同的交易事项自由组合成新的经营主体。目前已经出现的“虚拟企业”将成为网络知识经济时代特有的企业形式，这种完全建立在互联网基础上的虚拟企业的经济活动，其经济活动的范围及资产、收益范围的界定变得更加复杂，会计主体也即会计核算的空间范围处于一种模糊状态。

2. 持续经营

企业可以根据实际需要，建立临时性的网络企业，企业实体的多变性，使得持续经营的假设失去了原来的意义。

3. 会计分期

网络和知识经济时代的信息网络化高度发达，企业会计信息需求者可以通过网络动态地取得并利用企业的财务信息。

4. 货币计量

货币计量包含了币值稳定的假设，在网络和知识经济时代，商品更新换代迅速，价格变动的频率和幅度极大。同时，由于电子货币的使用，使货币出现无纸化趋势。所以，货币计量假设的内容有所扩展。

（三）会计原则

1. 权责发生制原则

现行会计制度中，收入与费用的确认采用权责发生制而不是收付实现制，其核心是根据权责关系的实际发生和影响期间来确认企业的收入和费用。其存在的前提是会计分期的假设。知识经济时代出现的虚拟化了的网络公司这类新型企业组织，在可预见的将来可能是很短暂的期间，进行不定期的经营活动，会计分期假设在此类企业的核算中已失去了其存在的基础，因此，建立在会计分期假设之上的权责发生制也相应失去了存在的基础。

2. 历史成本原则

在知识经济时代，物价变动及不断涌现的一些新的会计事项使得传统的历史成本原则将不再适用，如企业人力资本作为企业资本的一项重要组成，以知识创新作为其发展动力，对人力资本的计价就无法适用历史成本原则。

3. 谨慎性原则

在网络和知识经济时代，网络经济的速度性和高风险性，加大了企业经营的市场风险，实行会计风险管理将越来越重要，谨慎性原则的地位将大大提高。

（四）会计要素

传统财务会计把会计要素划分成反映财务状况的会计要素和反映经营成果的会计要素。知识经济时代，无形资产是企业生存的资产，创新是知识经济的核心，人是保证创新的决定性因素，知识作为一种动态的生产要素和经济资源日益重要。随着信息技术的发展，对信息加工的速度会越来越快，会计要素划分会更加细密，更有层次，以更加准确地反映企业的资金运动状况。

（五）会计权益理论

传统会计的会计恒等式“资产 = 负债 + 所有者权益”中，等式右边所体现的只是企业财务资本所有者的权益，而未体现人力资本所有者的权益。知识经济时代，知识、信息与创新能力对企业起着最重要的作用，企业应是“一个人力资本与非人力资本的特别合约”，必须建立一种新的会计权益理论。

二、 对会计实务的挑战

（一）会计组织

在互联网上，可以建立网络化会计信息处理系统，对经济业务的处理实现了高度自动化。会计处理系统能自动采集相关的电子原始凭证和数据，并按设定的会计处理方法和流程，自动进行业务处理，生成电子记账凭证，然后自动登账。根据需要生成会计报表，通过预测决策系统对会计信息进行分析。此外，会计信息处理系统通过企业与外界的互联实现实时沟通，企业与外界发生的经济业务，可通过互联网交易结算卡或是信用结算卡等，自动地将有关的交易内容即时输入到本企业的会计处理系统互联网内。这将对传统的会计组织产生影响。

（二）会计职能

会计具有核算、监督和参与决策等职能。传统的会计受到操作工具和手段的制约，以会计核算和监督作为会计的基本职能，在网络知识经济时代，会计信息系统将集会计账务核算系统、会计分析系统、会计决策与支持系统于一体，将促使会计的基本职能向信息分析、预测、决策、控制、考核等方面拓展。

（三）会计流程和会计方法

现在企业中使用的会计软件，其会计处理流程基本上还是按照手工会计处理流程进行设计的，即根据原始凭证的业务内容编成记账凭证输入系统中，凭证经审核后，据以自动记账、结账、生成会计报表等，会计流程基本上是模拟手工核算的流程。这种流程不能适应新的会计信息系统。

（四） 财务报告

当前的财务报告尚有许多局限性，如无法反映非货币化会计信息等，这些局限性在知识经济时代更加明显。在知识经济时代，通过互联网企业可与会计信息使用者进行实时双向交流，企业可根据使用者的需求，根据不同的决策模型提供专用的财务报告，财务报告也将发生变革。

三、 对会计人员的挑战

企业会计人员不仅是会计数据的加工者、会计信息的输出者，而且是对接收到的会计信息进行分析的参与决策者。知识经济同时也对会计人员提出了挑战。

（一）不断学习，提高业务水平

网络和知识经济时代，对会计人员的知识结构和业务水平提出了更高的要求，会计人员不仅要精通业务知识，而且要懂得如何使用计算机，如何利用互联网。会计人员不仅要对从互联网上得到的会计信息进行“过滤”，确保会计信息真实可靠，而且要注意对本企业财务机密的保管，防止黑客和竞争对手的非法获取。其次，全球经济一体化，国际贸易频繁，这就要求会计人员必须懂得外语，要懂得国际上通行的财务会计、审计等知识，而且还要具备相关的经济法律知识。会计人员只有不断加强学习，更新知识，更新观念，提高自身素质才能迎接时代的挑战，适应社会的发展。

（二）加强职业道德教育，提高职业道德素质

网络和知识经济时代的飞速发展，会计人员站在经济浪潮的前沿，面临着越来越多的诱惑，会计人员必须加强职业道德教育，提高自身职业道德素质，按照职业道德规范来要求和约束自己，抵制外来的腐蚀和诱惑，确保会计信息的真实性和可靠性。